Rich致富館53

夏韻芬女人私房理財書

夏韻芬◎著

英屬維京群島商高寶國際有限公司台灣分公司
高寶國際集團

Rich致富館53

夏韻芬女人私房理財書

作　　者　夏韻芬
編　　輯　嚴玉鳳
校　　對　編輯群
出 版 者　英屬維京群島商高寶國際有限公司台灣分公司
Global Group Holdings, Ltd.
聯絡地址　台北市內湖區新明路174巷15號10樓
網　　址　www.sitak.com.tw
E-mail　readers@sitak.com.tw（讀者服務部）
pr@sitak.com.tw（公關諮詢部）
電　　話　(02) 27911197　27918621
傳　　眞　出版部　(02) 27955824　行銷部　(02) 27955825
郵政劃撥　19394552
戶　　名　英屬維京群島商高寶國際有限公司台灣分公司
發　　行　希代書版集團發行
出版日期　2004年6月出版

Printed in Taiwan
ISBN:986-7799-67-4

女人替自己保個「幸福人生險」，就是學會理財，

因為意料之外的人生風險總是會出現。

僅以此書獻給天下間堅強、獨立、自主、

認真的美麗女人！

自序

很多人都有一個經驗，小時候，老師總是會出一個作文題目是「假如我有一百萬元」，讓大家天馬行空、發揮想像力，把自己的願望跟文采都激發出來！

我記得很多人的願望是買一個自己的夢想，所以有的人想買一間豪華的別墅、有的人想買一輛高級的大轎車，有的希望出國旅遊，我還記得我的願望是「環遊世界」！

絕妙的是，有一個同學的願望是「整型成為全世界最美的美女」，理由是她可以同時擁有別墅、汽車跟環遊世界，因為這一切都會有一個有錢的帥哥來幫她達成！

當我在寫這本書，希望每個女人都可以「財貌雙全」的同時，我忽然想起來這位幼時同伴的偉大願望，不知道當她有人生的一百萬元時，是不是已經實現當年的願望！

當然，靠個多金帥哥來完成一切願望，畢竟就是夢想而已，人生還要實際一點，有人說靠男人，不如養一隻狗忠心，要我來說，忠心的本質就是：幫自己打造一個美麗又多金的人生，才會讓狗跟男人都離不開妳。

有一句瑞典格言說：「我們老得太快，卻聰明得太遲。」，也許女人都難以逃離這樣的魔咒，我希望這本書能解決妳的理財憂鬱症，治癒妳的理財冷感。

大多數的女人想到減肥、抗老，就是沒想到讓自己有錢，妳有減肥的經驗嗎？如果有，我想理財的道路也會離妳不遠了，加油吧！

僅以此書獻給天下間認真美麗的女人，並謝謝協助我出版的凱蕾、玉鳳、金蓉、曉薇跟梅蒂等，還有妹妹韻芳、弟妹芬里，也以此書與我衆家愛買姐妹們一同分享所有的心情故事。

夏韻芬

CONTENT

PART 1

女人向「錢」走

PART 2

訂做理財寶盒

CONTENT

PART 3 聰明消費有絕招

PART 4 女人要教孩子有錢

PART 5 創造女人的美麗人生

PART 1 女人向「錢」走

* 女人如何判斷經濟好壞—— 只要到百貨公司逛一圈，發現店員比顧客多，東西都沒人買，那景氣就不好，股市自然不會漲到哪去！

* 女人幸福—— 掌握經濟權力核心，當個理財高手。

* 姊妹們站起來，過人的學識、人人稱羨的工作和一拖拉庫的財富都會讓妳的美貌加分！

* 女人替自己的婚姻保個「天長地久險」，就是學會理財，因為意料之外的人生風險總是會出現。

* 女人的物質欲望和信用卡刷刷刷，是女人理財的致命傷。

* 婦女二度就業的問題使女性成為新貧族的代表。

* 結婚時要談好夫妻共擔的「家庭費用」，趁有感情時要先談好「離婚條件」。

* 女人在學習上不用侷限自己，多方面嘗試，就有更多可以揮灑的空間。

* 女人有自己的專業，不怕沒有黃金單身漢來追。

* 嫁入豪門不一定好，做個自主女人才是真幸福。

女人是理財的動物

很多朋友常向我抱怨說：「女人真是一種奇怪的動物，說話拐彎抹角、拖泥帶水就算了，開車時候打著右轉的方向燈，然後向左轉，最讓人受不了的是：喜歡跟著感覺走！」前幾項，我不置可否，最後一項，我不得不承認：真的很神準！特別是在投資的嗅覺上！

以前在股市中，常聽到老手說：「等到路上的女生都穿迷你裙的時候，股票就會大漲！」結果今年迷你裙大大流行，路上的男人都在看女生的迷你裙，但是女生都專心看電腦螢幕上的股票，大漲起來！

為什麼呢？

「迷你裙理論」早就獲得經濟專家的認同，指的是當有一件關於女人的事物大為流行時，就代表經濟的成長，同樣一件純棉的衣服，加上流行的因素，一件可以上萬，但是少了流行因子，一件只能賣一九九元，一九二〇與一九六〇年代兩度迷你裙大流行時，也都是景氣繁榮的訊號，所以說流行（迷你裙）是和經濟可以劃上等號的。

我還有一個朋友，逛了一下午的街，只買了一條口紅，然後長長地向我嘆了一口氣，斬釘截鐵地說：「經濟不景氣，股票還不會漲！」，理由是——百貨公司的店員，比顧客還多，大家都捨不得買東西，哪有錢買股票！

也許妳會覺得奇怪，連出門購物，買個口紅，這樣也能看出股票可不可以買喔，因為台灣的女性，習慣出門只帶一支口紅，在歐美國家，如果只能帶一樣化妝品，她們大概都是選擇睫毛膏，歐美的女人一定很難想像，台灣女性出門方便又快速，只擦口紅，人還沒到，就已經看到血盆大口。不過，台灣女生喜歡塗口紅，除了方便之外，還讓氣色好看，是文化習慣也是社會事實，無論如何，買口紅竟然能判斷股票漲跌？！很簡單，如果口紅賣得好，其他的化妝品如睫毛膏、眼影、粉底和腮紅等都賣不好時，表示大家只有錢買口紅，不做其他選擇，所以經濟當然不好，股票也不會大漲，這就是我朋友的「口紅理論」！

這些奇奇怪怪的「感覺」理論，說給男人聽，大概都會先嗤之以鼻，然後說是「婦人之見，懂什麼！」但對於女人來說卻是很有「理論基礎」的，而且還會據此指標來賺到錢。

事實上，前不久才有記者報導瑞士銀行所發表的「麥香堡指數」（Big Mac Index），不要懷疑，「麥香堡」就是指麥當勞叔叔賣的牛肉漢堡，他們以麥香堡的物價來評估勞工所得與物價關係。舉例來說，日本東京以及美國洛杉磯、芝加哥等勞工工作十分鐘就可以買一個麥香堡，台灣則是要工作十八分鐘，當然前蘇聯等國家的勞工則要勞動一百八十五分鐘，此外，越多人捨得吃麥香堡，表示大家越有錢，這個理論，不也跟「口紅」和「迷你裙理論」有幾分神似？

再說，經濟景不景氣，第一線總是最清楚，以前我去採訪時候，也不免常常懷疑，到底政府每次公佈的景氣燈準不準？後來發現，要問景氣好壞，最好找第一線的老闆，只要問他：「今年錢好不好賺？」答案立見分曉，股市是經濟的櫥窗，更與百貨公司的櫥窗息息相關，只要到百貨公司逛一圈，發現店員比顧客多，東西都沒人買，這不就是比景氣燈還神準的第一線情報嗎？

女人是理財的動物，不要懷疑！

以前台灣經濟起飛時，許多中小企業的「老闆娘」都具有幕後的「掌櫃」地位，不管是開店創業，老闆娘一定坐鎮打點財務，既是安全又細心，除了掌管收支之外，還要做資金調度工作，跟時下的財務經理甚至財務長差距不大，隱身在老闆後面的女人，雖然沒有恰當的職稱，但是有女人打點「錢」的企業多半都很成功。

現在許多企業主管和政商名流，不也有女人的天下，女性在職場上越來越受到重視的趨勢已經銳不可擋，女人的「第六感」是天生的，是男人所沒有的，在台灣如此，在世界各國也有很多的成功例子足以佐證。

聯合國（UNDP）最近公佈二○○三年性別權力測度（Gender Empowerment Measure，GEM），台灣女性政治經濟地位和影響力，是亞洲第一，贏過韓國、日本、新加坡，前五名為冰島、挪威、瑞典、丹麥及芬蘭等北歐國家；此外，美國女性的經濟地位最高，為第一名，與男性的薪資差距最小。台灣在全世界排名第二十一名，例如女性國會議員比重為二十二・二%（排名第三十一名）、女性平均每人年平均所得（GDP）占男性比例為五十五%（排名第二十九名）；但在女性管理及經理人比率為十五%（排名第六十三名）、女性專業技術人員比例則為四十三%（排名第五十八名），雖然某些項目名次落後，但普遍來說仍較其他亞洲國家為佳。

英國投資人協會（NAIC）的研究報告指出，女性投資人在金融市場的獲利率比男人平均高出一・四%，原因是，女性比男性更有耐

性別權力測度指標(gem)

女性指標	比率	名次
女性國會議員比重	22.2%	第31名
女性平均每人GDP佔男性比率	55%	第29名
女性管理及經理人比率	15%	第63名
女性專業技術人員比率	43%	第58名

聯合國（UNDP）二〇〇三年所公佈的性別權力測度（GEM），台灣在全世界排名第二十一名，由上表女性平均每人GDP占男性比例55%可知，男女薪資結構差異不大。

心等待投資時機，不莽撞也不容易過於衝動而做出錯誤的決策。其實，德國的研究資料也指出，女性投資人的投資報酬率也比男人高出三%。

現在是經濟獨立時代，大家都在鼓勵女子讀MBA、學財務管理或當會計，一來工作環境單純，二來嫁做人婦時也能協助先生事業的發展。比如，大財團所挑的媳婦要是能穩住寶座，其重要關鍵多半是會不會「管錢」，管不住錢，有錢少爺就會到處拈花惹草。

因此，想要當個「好」媳婦，管財務和做稽核，掌握經濟權力核心，是第一要事。大至集團財務管理，小至小家庭財務支出，女人都是肩負「財政部長」的重責大任，偏偏有些女人就是喜歡樂得輕鬆，一輩子當理財白痴，錢都給老公去管，自己花錢容易，賺錢卻很難！仔細想想，不管是富爸爸還是闊老公，都沒有辦法保證妳一輩子吃香的、喝辣的、穿好的和過好的生活。

身為女人，妳想給別人什麼樣的印象？我有很多女性朋友，並不介意人家稱她們是「理財白痴」，甚至還有男性為她們說話，男人說：「說女人理財白痴，是褒不是貶，因為她們多半很美！」

新時代女性，追求的不是只有美麗，美麗的標準不一而足，美女更是比上不足，比下有餘，人外有人，理財白痴加上是個外在漂亮的美女，那不會持久，沒有保障，但是有「理財高手＋有錢美女」的頭銜，經濟獨立自主，能讓妳由內到外自信又美麗，還能保障妳一生幸福美滿，看看名女人何麗玲不就是台灣最具代表性的例子嗎！

女人私房話

1. 女人如何判斷經濟好壞——只要到百貨公司逛一圈，發現店員比顧客多，東西都沒人買，那景氣就不好，股市自然不會漲到哪去！
2. 女人幸福——掌握經濟權力核心，當個理財高手。

註解：

大麥克指數：

根據《經濟學人》雜誌指出，「大麥克指數」是建立在「購買力平價理論」的基礎上，假設兩國的匯率會自動調整，到最後同樣一塊錢在兩個國家可以買到的貨物或服務的價值相同，簡單地說，一塊錢可買的東西走到哪裡都一樣。

《經濟學人》的大麥克指數則是以麥當勞的大麥克漢堡價格為基礎，從一九八六年開始編製，至今包含全球一百一十八個有麥當勞分佈的國家。當初選定大麥克堡價格做基礎，是因為麥當勞幾乎遍佈全球，而且有制式化的產品，在美國買到的大麥克，跟阿拉伯國家賣的一模一樣。

大麥克指數也顯示，一個大麥克堡在台灣賣七十元，相當於二・〇一美元。如果新台幣二十五・八元就可以買到一美元等值貨品，那表示當時新台幣匯率三十四・八元兌一美元是低估了二十六％。新台幣匯率升值到三十三・八元，但依照大麥克指數來看的話，仍處於超貶地位。

買東西的——多半是女人

很多男人都會自我解嘲：「家中的大事我負責，其他的芝麻綠豆小事，都由太太負責，只是家中從來沒考慮要買直昇機、潛水艇這等大事，所以不用我做決定。」這句話是所有消費市場最重要的佐證資料，因為只要打動女性，全家的消費趨勢就決定了！

還記得我和先生去買車的時候，業務員總是圍繞著我，清楚的幫我解釋機械操作，儘管我一直說：「我技術不好，開車的機會不多。」但是業務員總是能夠摸清楚，決定權在誰身上——就是我。連「機械」這種硬梆梆的買賣，決定權都落在女人身上，也難怪業務員不斷地向我解釋，注意我的感覺了。

我曾經採訪零售業和燈具通路時，每年都有「老闆娘旅遊團」，總經銷都會招待各家店的老闆娘出國，原本我以為是——老闆比較忙，沒空出國玩，才招待老闆娘的，但是後來總經銷才告訴我：「所有進貨的權力都在老闆娘身上，當然要伺候老闆娘。」做生意做到這樣，果然是高招！

所以我說，女人一定要「當家作主」，尤其當現在的趨勢越來越明顯，沒消費能力或管錢能力的女人等著被淘汰，看看百貨公司的週年慶，總是鎖定女性為主要市場，畢竟百貨公司的商品大部分是——有三分之二是賣給女人，剩下的三分之一是男人買來送給女人——不能打動女人的心，那百貨公司也準備關門吧。

記得十年前，很多女性想要辦一張信用卡或是百貨公司的聯名卡都很難，因為女人通常都沒有工作，在申請表格上最多勉強填上「家管」——就是家庭主婦，辦卡時還得附上不動產證明。不過，現在已經大為不同，各家銀行信用卡業務競爭激烈，另外，銀行也發現有一點非常重要，就是通常沒有工作的，真正的頭銜是「少奶奶」，「家管」已經成為過去式，難怪很多銀行業都說：「我們是靠女人吃飯！」因此，銀行開始主打女性市場，各式各樣的音樂會、品酒會、珠寶展示、FASHION SHOW 等等也打女性市場。目前有一家百貨公司會員優惠——由知名飯店主廚來教會員烹飪，這些會員多半是——一群有錢有閒又死忠的「少奶奶」，也可以說是「貴婦人」。

這些已婚的「貴婦人」有了小孩，母性大發，凡事替丈夫、孩子著想，家裡大大小小的柴米油鹽和食衣住行，都忍不住要一手打點，所以也成了各大企業爭相搶奪的消費群，如果說女人是台灣經濟的另一個奇蹟，一點也不為過。

這些已婚的少奶奶們，由於男人都在外忙著處理大事業，因此，財政大權都掌控在太太手上，即使太太並未在職場上有豐厚的薪資收入，但是所有家庭花費的支出都是太太來處理，家裡需要用的東西都由太太來買，每月固定的刷卡消費相對穩定；還有許多太太，由於掌管家中的財務，因此也積極的吸收新的投資資訊，努力將「小錢變成大錢」，這也是銀行理財貴賓室的最佳客戶，在保險上，女性除了自身的保障之外，家庭的保障也都需要一併規劃，難怪企業主都說：「如果不能掌握女人的心，那麼消費市場就是一場空！」

不單是百貨公司，許多大賣場消費群都是鎖定女性，連金融商品也都先鎖定女性，比如女人用的信用卡、女人的保險、甚至是家庭理財計劃，都先找女人下手。

原因是女人有「愛買」的天性，特別是單身女性越來越多，一旦經濟獨立自主，自己就能決定自己要買什麼，對自身財務的主導權很大，所以很多小套房的設計、發卡銀行、保險市場甚至銀行理財貴賓室的重要人選，都是主打這些粉領新貴。

其實女性在職場上，越來越有發揮空間，薪資結構也慢慢與男性拉近距離，更重要的是，現在未婚女性的比例也逐年升高，她們大多沒有家庭負擔，在辛苦工作之後，也懂得好好犒賞自己、珍愛自己，所以到百貨公司**Shopping**、上網尋寶、看看電視購物頻道、出國採買旅遊，偶而來場頂級精油**SPA**享受，都是新新女性善待自己的方式，特別是女性心思縝密，又有相對保守的特質，放款的風險自然比較低，當然成為各方企業最愛爭取的主顧客。

女人私房話

掌握女人的心，就掌握消費市場，因為女人有「愛買」的天性！

當女人就要「財」貌雙全

自古以來，女人無才便是德！才指的就是琴棋書畫樣樣行，還要出得廳堂，入得廚房，但是現在女子個個都才華洋溢，會讀書，基本上都受過國民教育，所欠缺的不是「才」倒是「財」，很多年輕小妹妹只知道打扮自己，卻刷卡不眨眼，弄得負債累累，男人一看就知道不會是好的財政大臣，心想只能玩一玩，不能娶回家，已婚的婦女每天又因為家庭、事業兩頭燒，少了時間搞「財務」，更加忽略了自己外在的打扮和美貌，經常看起來像人見人嫌的黃臉婆，仔細想一想，自己的口袋和婚姻都危機四伏。

前一陣子，似乎是結婚旺季，連續參加幾場婚禮，有時候私下難免八卦一陣，幾個朋友私下聊著：「那個新郎不是禿頭，簡直是光頭。」另外一個接著說：「可是他是電子貿易公司的老闆，很有錢耶。」頓時，大家都覺得新郎帥得不得了，口水流滿地，還有一次，有人嫌：「新娘長得真像如花，在場的一百位賓客中隨便挑一個女人都比新娘美！」有人馬上駁回此控訴：「新娘可是號子的大卡，每天可以賺一台賓士車耶！」哇！新娘馬上就美起來了！

其實，我真的不是「外『貌』協會」的成員，但是社會學理論中說得很清楚，月暈效果就是有辦法讓大家在月亮的光圈下，變得更美麗，毫無疑問，學識、工作和財富都會讓妳的美貌加分！這不是很有趣嗎？

現在很多女性都用「可愛」來比喻自己的現況，所謂的「可愛」指的就是可憐沒人愛！問題是，如果妳是一個「財」貌雙全的女性，大概就會有一拖拉庫的人來追妳！美貌或許見仁見智，情人眼中出西施，看對眼比較重要，如果不頂滿意也沒關係，現在整形手術已經很成熟，稍微的整頓一下，也是好方法，有了「財」，除了讓妳的美貌加分，講直接一點，妳就有了整形的本錢。

很多人還是覺得講錢說財，太俗氣！畢竟真情真愛無法用金錢度量，問題是現在的社會越來越沒有保障，有的保險公司推出「結婚險」，保障新人一定能結婚，當我問及有沒有附加「天長地久險」，沒有人敢保障，因為現實的婚姻就是如此，意料之外的人生風險總是會出現，生老病死，乃至於外遇偷腥都無法避免，唯一的保障就是財務上的保障。

我聽過有些女性朋友活在婚姻暴力中，要不然就是老公在外面有女人、被婆婆虐待等等，但是她們一致都決定繼續忍氣吞聲，理由都一樣，就是：「如果離婚，我就什麼也沒有了！」聽起來是因為長期為家庭貢獻自己，卻沒有在外獨立的經濟基礎，如果離婚了，不但一毛錢都拿不到，連自己的生活都有問題。

這些是特殊的案例，女人還得考慮到，人有旦夕禍福，一旦家庭中的經濟支柱——男人倒了，起碼還有機會可以撐起半邊天，沒有工作，就容易被社會淘汰，更何況，有些男人七年之癢發作，搞了外遇，昔日黃臉婆被掃地出門，女人還總有個能安身棲所的地方，女人，怎麼可以沒有錢？

記得，當年我結婚的時候，長我許多歲的好友李姐語重心長的告訴我：「送妳六個字，一定要記住，堅強、獨立、自主！」，當時的我，只覺得跟「和平、奮鬥、救中國」的大道理一樣，沒有感覺，不過結婚越久，感受越多，因此，不管是有沒有結婚，身為女性都要記著這六字箴言。

堅強、獨立、自主這六個字、三種態度，對於感情以及財務都是一樣的道理，女性在結婚之後，總有「嫁給你就是靠你吃穿」的意味，在感情上極度的依賴，在財務上也是一味的依附，寧願當「金錢傻女人」，也不願意有自己的盤算，就算老公沒有出軌，也會因為家中很多的開銷、支出，成為吵架的源頭。

還有最悲慘一點，莫過於女人的年華老去，美貌不再，我讀過一位偉人的回憶錄，他說：「妻子給了我一切，包括穩定的生活、孩子等等，唯一不能給的就是青春，於是我找了第二春。」這點小插曲成為我的警訊，我也常常跟別人討論這樣的問題，女人總是越老越不值錢，男人卻是越老越吃香，在外工作見多識廣，又有社經地位，口袋多金，自然也就帥起來，女人自救的方法，要不就是多充實腦袋——畢竟有腦袋的女人比較能當「心靈的伴侶」，要不就是自己要有錢，把嫌棄自己沒有青春的臭男人丟得老遠！

當個現代女人，一定要「財」貌雙全，首先累積自己的金錢，給自己理財的看家本領，然後用這些錢創造自己的美貌，妳可以選擇整形，也可以跟我一樣，堅持不整形，但是靠打扮、運動、健身和充實自己的知識，讓自己有知性的美麗，別想永遠靠男人，堅強、獨立和自主，絕對讓妳有終身保險！

女人私房話

1. 姊妹們站起來，過人的學識、人人稱羨的工作和一拖拉庫的財富都會讓妳的美貌加分！
2. 女人要替自己的婚姻保個「天長地久險」，那就是學會理財，因為意料之外的人生風險總是會出現。
3. 身為女性都要記著這六字箴言：堅強、獨立、自主！

女人也要有賺錢夢

女人的夢想很多：有白馬王子、宮殿別墅、鑽石名錶、華服美食等等都是，不過很少女人夢想自己成為「富翁」，一來翁字是指男生，二來即使期許自己是富婆，卻想著最好也是富翁給的，嫁給「黃金單身漢」就是如此！

很多數據指出，女生對於財富的要求遠低於男性，不久前《遠見》雜誌調查，有十七．六%受訪民眾認為：擁有一千萬元即算富有；其次是一億元（十六．四%）才算富有；第三名則是擁有五千萬元（十．四%）才算富有。有趣的是，多數男性認為一億元才算富有，多數女性則認為擁有一千萬元即是富有，男性對富有的認定標準顯然比女性高出許多。

在調查中，有兩成（二十%）的受訪民眾認為，買樂透是成為有錢人的最佳途徑，不過這才排名第三，更多民眾（二十六．七%）認為還是努力工作才有希望，其次則是投資股票等金融商品（二十一・五％），至於回答自行創業（十一・二％）或投資房地產（十・七％）是致富的最佳途徑者，排名則落在買彩券之後。

唯一慶幸的是這項調查發現，收入越高、教育程度越高、職位越高的人士，認為努力工作是致富最佳途徑的比率越高，相反地，認為購買彩券能一夜致富的比率越低，這表示大家的賺錢夢還是比較實際些，但依然看不到女性的賺錢夢。

一般來說，現在的年輕妹妹都不太會想學投資理財，有錢就去吃美食或買東西犒賞自己，要不就是呼朋引友一起出國，有錢就花掉。有些X世代女人，剛剛成為已婚婦女，為了兼顧家庭，在職場上也不好意思要求薪水，結果工作上的責任沒減輕，還搞得生活苦哈哈。更有些女人，認為賺錢就是要花，生活品質不能差，存在「活在當下、樂在當下」的價值觀。妳曾經是以上其中一種人嗎？妳會發現，「錢」已經自己長腳在無形中就跑掉了，妳千萬要改變這些觀念，要不然在不久的將來，沒錢又沒青春，生活風險又一大堆，可是會很慘的。

或許長期以來，女人是職場上的弱勢族群，傳統的觀念是女人要有錢，還是靠男人容易些，起碼嫁給富翁，自己就是富婆，女性要靠職場征戰累積財富，又背負著「母職」的使命，兩頭忙其實並不容易，如果這時候能夠靠理財的能力幫自己圓夢，那事情就簡單多了！

有一項社會調查是，以前一百個人裡面平均有四個人玩過股票，現在只剩下一・五個人，其中七十三%的人還持有股票，說是長期投資，但許多人是因為套牢不得已才放這麼久，另外，女性退出股票市場的現象比男性普遍，顯然理財EQ比男性高，因為男人賭性堅強，又死要面子，所以女人很適合做投資理財的規劃，但是在有賺錢夢之前，先要有理財的觀念。

「我希望五十歲不要工作，還可以每天打扮美美的出國旅行！」大多數的女人都很清楚自己對金錢的慾望，但自言自語之後，就像每年新年都要許下新希望一樣，說說就算了，所有的理財計劃只閃過一陣子，沒有行動；好不容易終於下定決心購買的股票或是基金，也是買了之後就沒有時間理它。

如果妳是幸運兒，也許只要擺著就會賺錢，但是幸運之神不會常常眷顧妳，十之八九不好的時候居多，很多人都是發現基金淨值大跌或是股市狂跌時，才在慌亂之下認賠殺出，這樣的人別說十萬元，要賺個一萬元都不是容易的事。

女性常常都只會「享用」金錢所帶來的快樂，卻沒有仔細想過如何「運用」金錢所帶來的價值，比如好好計劃未來希望過什麼樣的生活？如何達成？遇到挫敗時，如何讓自己有基本的尊嚴與保障？碰到人生重大改變時候，如何調整心態？萬一失業或想離職時，銀行裡是否有足夠半年或是一年的的生活費存款，好讓自己有充裕的時間踏出下一步？

有人說：「金錢是一種力量，讓人獨立自主，不用伸手，不用靠別人。」我很同意這個觀點，過去有人說錢是英雄膽，就沒人說錢才是女人的最大依靠。金錢除了讓人獨立自主之外，正確的金錢觀更是會創造不同的人生。

在我大學剛畢業之後，很多女同學開始去上班，但男同學都去當兵數饅頭，難得的同學會都是女生出錢，基於同學友誼，也凸顯出母性光輝，說白一點，女人通常拿錢爽快，不把錢當錢。兩年後，男生加入職場，拚命工作，即使犧牲了生活品質，也不覺得苦，加班費及年終獎金給了他們很大的報酬。當完兵五年內，這些男生都買了房子或者準備買房子，問他們拚命工作的原因是什麼？他們的答案是：「我們有經濟壓力，要存錢買房子娶老婆、養家養小孩，女生不一樣，只要嫁對人就行！」這些男生不出國旅行，省吃儉用，甚至被罵小氣也認了，而女同學們個個都打扮花枝招展，準備尋覓有錢郎，姊姊妹妹們有沒有發現：男女在金錢的觀念上差很多，男人拚命賺錢，有錢以後的力量當然就是男人的專利，女人呢？難道不能像男人一樣有錢嗎？

現在妳知道什麼叫「理財觀念」了吧？如下：

1. 先有賺錢的理想。
2. 妥善規劃自己的財務狀況，包括收支、存款和投資。
3. 確立財務目標——就是想要過怎麼的生活，賺多少錢？
4. 選擇最佳的投資工具和策略，在控制的風險下獲得利潤，如基金、外匯或股票。

什麼叫「投資」呢？投資就是為了達成長期的財務目標，而暫時交出使用錢的權利，在投資的同時，妳不能隨意的運用錢，但是妳可以將投資的回報或損失落在自己預期的範圍內，比如妳長期的財務目標是賺一千萬元，當妳現在一個月只賺三萬元時，每個月妳就固定要有五千元的投資——暫時交出使用錢權利，然後選擇適當的投資工具，如基金——合理的投資報酬率在五％到十％之間。

女人在不同年齡時，有不同的財務需求，所以會有不同的財務目標、資產配置、合適的投資工具，這些在下列幾章都會一一介紹，理財重要的目的是當妳無依無靠時，確定不工作不會餓死，然後工作就能盡量隨心所欲，做自己愛做的事情，還可以開始建構甚或實現我們女人的夢想！

女人私房話

1. 女人，先別想怎麼花錢吧！停下來想一想要如何「理財」和「存錢」。

2. 男人想拚命賺錢，女人只想找個有錢老公，這就是觀念的差異，影響著未來的生活，女人，首先要改變的就是觀念——多賺點錢比較實際。

3. 女人要有夢想，理財是第一步。

不會理財的傻女人

「我不需要理財，因為老公都打理好了！」「我不會理財，反正伸手要錢就好了！」「我已經很會理財了，我很會殺價，都是減價打折時才去買東西！」如果妳有這些觀念，那麼，妳是個不會理財的傻女人！

女人跟男人的消費觀差很多，以前去吃喜酒時，看到老公繞來繞去硬是要找到停車位，還盡量是「免費」的，但為了趕時間，逼不得已時，我見這附近百貨公司消費一千元可以免費停車一個小時，這時候，我趕緊衝去百貨公司樓下超市買一些家庭用品，湊足一千元，換得「免費」停車一小時，老公看到我這種作法馬上氣呼呼嘟個嘴巴說：「妳嘛幫幫忙，停車一小時一百元，不如花一百元停車，幹嘛花到一千元？」而且更糟的是，老公當時看我手上的東西也不是一定必要買的，就很惱怒我這種自以為聰明的作法。

前面我提到，女人是理財型動物，也是消費市場的主力，加上天生「愛買」的個性，當然難以拒絕市場上一波接著一波的「物質」誘惑，想想老公對我買一千元換一小時停車的惱怒，也情有可原，因此，不管是情緒上一時衝動，還是對於女人商品永無止盡的需求，大多數的女性對於金錢經常沒有概念，老想著花錢買東西都來不及，哪有時間理財呢！

信用卡多如牛毛更是女人理財上的致命傷，女人見到美美的鞋子、衣服或首飾，以及小孩子的衣物、玩具，甚至是一些看上去只有「裝飾」作用的東西，都會忍不住想把東西搬回家，卡先刷了再說，月底再來想辦法。現在的百貨公司更是貼心至極，貴一點的東西不但有無息的分期付款活動，還有先刷卡，三個月後再付款的活動，使得女人看到「愛不釋手」的東西每天刷刷刷！每月辛勤的工作就是替百貨公司打工，或者是幫這些新皮包、新流行商品的老闆賺錢！年輕的小辣妹，甚至還盡想些跳鋼管舞、到酒店坐檯甚至是援交，賺了大筆大筆鈔票之後，最後這些錢，都繳給了信用卡發卡銀行或是賣女人用品的老闆，這些女人都注定是天下第一號不會理財的傻女人！

有些女人會大聲說：「我不懂理財，更不喜歡理財！」過去的我也曾經有這樣的情結，總覺得錢真是個很複雜又麻煩的東西，女人常有一種心態——交給家中老母或是老公吧，如果他們願意幫我一肩扛下賺錢和理財的重責大任，那我就可以大搖大擺的花錢享受當少奶奶了，這樣多好！在我看到身邊朋友一個個因為「沒錢沒權力，被人壓到底」或是「變成黃臉婆，男人整天往外跑」時，我才發現，這種觀念真是大錯特錯，女人如果有「仰賴」別人一輩子的觀念時，未來無形中的「危險」就有機可趁，先別說男人成了落跑新郎或婆婆成了母老虎，假使家中財務突然發生問題或是所仰賴的大樹倒下，這些都會對家庭經濟造成巨大衝擊，「貧窮夫妻百世哀」，攜子養老的狀況沒人可以幫忙，壓力與糾紛接踵而來，這經常是女人不理財，沒有經濟獨立的下場。

老一輩的人經常告誡自己的女兒：「丈夫有，不如自己有，如果丈夫有，老婆伸手要，伸手時候還不知道有沒有。」這句話我聽過一次，一直謹記在心裡，其實並不是天下的男人都很小氣，只是立場不一樣，思考的結果也會不一樣，長期以來，先生總是專心上班工作，好像家中的「提款機」一樣，身心都疲累之餘，哪有閒工夫管家中大小事，一旦碰到存款減少時候，難免抱怨女人都把錢花到哪裡去，對於總是得伸手要錢的女人來說更是難堪，兩人的戰爭就容易開始，如果女人能自己賺錢自己花，就不怕說話總是要比較小聲點了，這就是金錢無形的效用。

大多數夫妻總是在報稅期間，最容易發生爭執，因為先生總是質疑：「一年來，我賺的錢到底花去哪裡？」這頭男人不曉得家中開銷，問得理直氣壯，那頭女人只能淚眼汪汪，委屈的說：「我可是買了很多菜回來煮，付了小孩學費，自己都沒買什麼衣服呢！」如果妳是這樣的女人，妳也是不會理財的傻女人，家中的地位在報稅之後，一落千丈。

有些女人更有趣，總是大聲向人炫耀：「我都去買打折品！便宜得很。」或「我上市場買菜送蔥、買魚挑大尾的、買豬肉還送大骨。」有這樣的觀念，妳還是無法脫離理財傻女人的行列！因為對於大多數女生來說，買打折品、用抵用券、自己**DIY**

家具等，只是省小錢的步驟，常常有很多太太迫不及待的向先生說：「今天上大賣場買三顆白菜省了十五元，下午去換了百貨公司的贈品，很實用；中間空檔還買到一件一百元的小孩衣服耶！」結果先生就會說：「去百貨公司還不是要花車錢，不夠白菜省的錢，去百貨公司換贈品，還不是會『順便』買些不該買的，小孩子衣服穿舊的就好了。」

會理財的聰明女人不是省錢而已，而是要把錢管理好，錢用到哪去都要算得清清楚楚之外，同時還要會以錢滾錢，運用「投資」幫自己也幫家庭多創造些財富，如此一來，妳才能擺脫傻女人行列，在家庭中提高自己的經濟地位！

照過來，不會理財傻女人的行列有：

1. 說自己不會也不喜歡理財。
2. 無法控制物質誘惑。
3. 總是先享受後付款，刷卡再說。

4. 想要仰賴別人賺錢一輩子。
5. 伸手向男人要錢。
6. 常說：「我買到便宜貨！」

懂理財的聰明女人有：

1. 算好家庭收支狀況。
2. 知道錢花哪裡去。
3. 按比例分配資金運用。
4. 以錢滾錢。
5. 有能力自己賺錢。

女人私房話

1. 女人的物質慾望和信用卡刷刷刷，是女人理財的致命傷。

2. 別說我不懂理財，更別說我不想學會理財，有一天妳會發現，自己靠自己才是最有保障的未來。

小女人大錢包

小女人要有大錢包，還是要按部就班的做起，現在我就來告訴妳，第一步，先要有精打細算的本領，關於理財，男人可以大而化之，當女人就要精打細算甚至斤斤計較，為什麼呢？其實就聚沙成塔的道理，該省就省，是一個持家的基本精神，只是女人應該走出廚房，不要只在蔥蒜之間計較，生活上許多小事，也要多加留意。

現在路邊的ATM提款機很多，連便利超商都有ATM，當妳手中缺現金時候，很容易就近找一台自動櫃員機跨行提款，但是到底是要提領目前所需數字就好，還是乾脆一次多領一點，比較划算？很多人並不清楚。

其實跨行提款每次最多提領兩萬元，若是想用多少提多少，會很不划算，舉例來說，一次只領個五千元，七元跨行提款手續費換算成年利率高達五十一％；若一次領個兩萬元，同樣七元手續費，實質年利率降至十二・七七％。可別小看區區七

提款機 7 元手續費精打細算

- 領 5,000 元，7 元跨行提款手續費換算成年利率高達 51%。
- 領 20,000 元，7 元手續費，實質年利率降至 12.77%

以一年定儲利率 1.425%，18 萬元的定儲，存滿一天才有 7 元的利息。

7 元可是很大的數目！

元手續費，以目前一年定儲利率一・四二五%的水準，就必須有十八萬元的定儲，存滿一天才有七元的利息。

想想看，如果妳沒十八萬元以上的身價，七元跨行提款手續費要不要花就值得好好考慮，這就是精打細算。

女生還有一種「拿鐵因子」或說「小黃情結」，也就是說每天要喝一杯拿鐵咖啡，外加小黃的接送，假設每天花一百五十元買咖啡好了，每個月 150 × 20（每月平均上班天數）＝ 3000；就這樣，把可投資基金最低門檻的錢給喝掉了，再加上搭乘小黃，每個月，咖啡加上小黃，距離算遠一點，兩百元坐個十次，兩千元，加上咖啡錢總共算五千元。如果

每天喝拿鐵咖啡和坐小黃的女人

150 × 20 ＝ 3,000（喝咖啡）

200 × 10 ＝ 2,000（搭小黃）

3,000 ＋ 2,000 ＝ 5,000（花掉的）

每個月固定投資 5,000 元的女人

・年報酬率 10%，複利計算，4 年 30 萬。

・30 萬，複利計算，年投資報酬率 10%，28 年後有 3,000 萬元！

3,000 元 & 3,000 萬元，女人，妳選哪一個呢？

每月能投資基金五千元，以平均年報酬率十%來算，四年就可以有三十萬元，拿三十萬元來投資，只要二十八年的時間都維持有十%的報酬率，就會有三千萬元，妳以為小小的三、五千元，未來卻可以變成三千萬元，妳還會看不上這些生活上的小錢嗎？

類似在我們生活周遭，這種讓小錢包變大的例子到處都是，例如宵夜、飲料、大哥大通訊費、家裡電話費、上網撥接費、電費、水費……等等，我一個朋友光是把麥當勞的三號餐戒掉，換成饅頭，就幫自己存了一部新電腦。

很多時候，都是由於固定消費行為已經變成習慣，所以妳完全不覺得是浪費或奢侈，如果小女人都要有大錢包，那妳就要重新檢討自己有沒有哪些可以戒掉的因子或是情結，坦白說，我自己曾經是小黃的愛用者，後來狠下心，忍住一陣子不叫小黃，真的幫自己省下不少錢。

現在妳就需要趕快坐下來好好拿出紙筆來，把日常生活習慣的開銷做個整理，這樣就能把小錢包撐大，當然，我最反對泡麵加汽水過日子，也不贊成只在辦公室上大小號，節省衛生紙開銷，不過有一個小訣竅，我倒是常做，那就是打行動電話找到人後，就請對方從公司打給我，的確可以省很多錢，其實省小錢剛開始並不神奇，但是一定會不知不覺改變妳的習慣，例如多走一點路、改喝自家的咖啡、少用大哥大聊天，一旦習慣養成了，小錢自然積少成多，也就發揮神奇的效果，妳想換一部電腦嗎？想留學嗎？還是想去義大利朝聖呢？想去看地中海的天空嗎？妳的夢想有多少，都要先由妳的小錢包開始慢慢培養喔！

具備事事精打細算的條件之後，接下來有五大原則要執行：

收入和支出記帳表——家庭理財

項　目	月	月
收入項目		
個人薪資收入		
投資理財收入		
其他收入		
總收入		
支出項目		
固定支出		
水電、瓦斯和電話費		
伙食費		
日常用品		
交通費		
房租或房屋貸款		
其他支出		
休閒娛樂		
教育學習		
其他		
投資基金		
定期存款		
基金		
外匯		
股票		
收支結餘		

（想做個貴婦人嗎？養成持續不懈的記帳習慣是理財第一步喔！）

簡易記帳表

時 間	支出項目	金 額	備註(列下可節省的部分)

（先把妳每個月的消費狀況記錄一次，此後便知道該如何做好資產配置，以達到投資理財的目的！）

1. 記錄收入和支出：

首先，要先記錄妳的開銷有多少，如果是單身貴族，就把每天的開銷詳實的記錄下來，家庭主婦則是將家中的一切固定支出與每天支出做記錄。先瞭解每天的花費，然後，進行一個月的統計，瞭解食衣住行、娛樂、教育（買書、補習、學費等）、醫療等等的花費，家庭的支出則是除了上述之外，包括孩子的固定支出，也要一併記錄，經過半年的統計之後，通常也就知道自己的生活費要有多少？家庭的開支要多少？數字說明一切，妳會清楚所有的財務狀況，記住，不能做假帳喔。

簡易預算表

支出	預算金額	實際開銷以及落差原因
固定支出		
水電、瓦斯和電話費		
伙食費		
日常用品		
交通費		
房租或房屋貸款		
其他支出		
休閒娛樂		
教育學習		
購屋置裝費***		
美容養身費***		
搭乘小黃		
喝咖啡		
收入-儲蓄(或投資)=支出		
投資基金		
定期存款		
基金		
外匯		
股票		
其他投資		

（收入先減去存款——才是你的支出項目！）

2. 開始做預算

記帳之後，就清楚曉得自己或是家庭的開銷，收入減去支出等於儲蓄，已經是老套的理財方式，現在妳要學的是用收入減去儲蓄，才是支出，正是如此，才要做預算，把自己統計半年的資料拿來比對，如果一個月想省下五千元或是一萬元，有沒有哪些花費的項目可以減少甚至刪除，這就是抓預算，預算出爐之後，每月先把自己的儲蓄扣除，再來進行消費。

3. 量入為出：

有了預算之後，一定要量入為出、精打細算，因為唯有如此，妳的預算才不會變成赤字，量入為出就是當省則省，如果預期的交通費已經花光了，就不能動用其他的項目，改搭捷運加上公車，同樣的，想多買一本好書，就要拿一場電影票的錢來抵，如此才是安全的預算控制。

4. 儲蓄就是錢包變大的關鍵：

把每月省下的錢先存到帳戶裡面，每月存，很快就可以看到自己的成果，最好的狀況是建立自己的私人帳戶，除了有自己的存款之外，還可以擁有主控權。

5. 增加外快的機會：

開源跟節流原本就是理財的基本精神，除了每月量入為出，節省開銷之外，如果有機會兼差，也是增加儲蓄的好機會。

女人私房話

不要小看小錢，日積月累，可是多到嚇死妳喔！

窮媽媽，富媽媽

台灣的富媽媽不少，有人買一套上萬的小禮服當女兒的畢業衣服，只穿一次，就因為眾人稱讚而值回票價；有人買一個書包要一萬兩千元，太晚去排隊，還買不到；也有人花二十萬元訂購國際巨星道格拉斯買給兒子的推車；還有很多人，即使不是富媽媽，面對孩子的需求也會努力擠出錢，供給孩子最好的一切用品。

「一個台灣，兩個世界。」反過來看，現今社會的窮媽媽卻更多，很多單親媽媽、失業媽媽都成為新貧階級，由於社會的傳統價值，女性總是要家庭、事業兩頭忙，忙不來時候，寧願減薪降職，也不願意放棄家庭的責任，一旦需要因為育兒因素離開職場之後，二度就業的難度提高，至於離婚婦女更因為不能全職付出，在打工度日之下，已經陷入貧窮的惡性循環。

現階段的社會，雖然女性薪資明顯提高，但是女性就業仍充滿歧視，大多數女性多半從事售貨員、秘書、文書等低技術工作，有些企業主管更是認為需要照顧子女的女性難以專心工作，因此付較低的薪資，在升遷管道上更是極不通暢，使得女性收入結構也明顯比男性差，這樣的行情雖然逐年都在改善，但是對於龐大的女性就業市場來說，還是不夠。

尤其女性一旦因家庭離開職場，而勞保給付又是按照年資與薪資來提撥時，那當女性走入晚年，她們可領到的勞保老年給付平均不到男性的一半，再加上女性平均壽命比男性長壽，多數的家庭主婦想要維持較好的晚年生活只能靠自己。

現在兩性工作平等法已經通過，但女性的劣勢地位不可能在一夕間改善。女性要避免當上窮媽媽，就必須提早警覺，早做打算。

除了工作薪資的不平等，台灣的單親家庭當中，以離婚的單親家庭占最多數，當中女性單親足足占了六十％之高，成為最熱門的族群——「新貧族」，以前女性總是被男性稱為：「台灣九族之外的第十族——不滿足。」現在的女性都是「存款不足」，年輕女性如此，單親以及失婚媽媽更是如此。

根據主計處民國九十一年的統計，台灣約有六成的家庭被列入中低收入戶，也就是有高達一千兩百八十六萬人口成為所謂的「新貧」階級。社會學者分析指出，這些新增的貧戶以找不到工作的待業者為主，其中，女性單親家庭更是新貧窮階級的主要族群。

國策顧問柴松林教授當時針對這個現象分析，目前台灣最嚴重的問題是所得分配改變、貧窮人口不斷增加。若將台灣六百八十萬戶分成十等級，所得最低與最高者從十五年前開始算，連續有二十年維持十五倍的差距，但最近十幾年內每年差距不斷擴大，前年差距竟然擴大到六十一倍，去年（二〇〇三年）更增加到九十三倍。

台大社會系教授薛承泰也發表研究，根據每年家庭收支調查在民國九十年之前的三十年當中，收支最高等級與最低等級的差距在四・五到五・五倍之間，民國九十年卻突然增加到六・三九倍，去年則維持在六・一六倍。檢視當中的變化，三年前最低所得的家庭平均可支配約三十一萬多元，前年卻驟降到約二十八萬元，但是最高平均所得的所得水準卻呈上升趨勢，去年創下一百八十萬元的新高。

不過，台灣民眾的生活水準一下子就倒退了七年。怎麼說呢？近兩、三年來，台灣失業人口始終維持在五十多萬人以上，若連同其家人保守估計，在台灣受困於經濟問題的至少有一百五十萬人，其中女人還成為新貧族的最佳代表。

記得不久前，報紙上還斗大的報導：「新貧階級、女性優先」！對於許多媽媽來說，都是警惕，報導中引述：「三十歲的美芳受不了老公好賭，去年毅然決定離婚。為了照顧兩歲兒子和剛上小學的女兒，她無法兼顧店員的長時間工作，只好改找臨時工，早上幫忙洗衣服、下午打掃，以便同時照顧兒子，下午再接女兒放學。因為沒錢付健保，她最擔心的便是小孩生病。以前紙卡還可以借卡蓋章，改成ＩＣ卡後恐怕沒辦法了……。」

其實這並非是特殊的案例，幾乎很多單親媽媽都必須過這樣的生活，無法否認，台灣已經有「貧窮女性化」的問題存在，因為女性長期以來在職場上的薪資、待遇都屬弱勢，同時又要照顧家務，一旦工作發生問題，貧窮風險就會直線狂飆，最可悲的就是經濟困境一旦發生，就無法脫困，社會上越來越多的窮人都是女人。

台灣現今離婚率逐年攀升，根據內政部民國九十一年的資料顯示，十五歲以上人口中婚姻狀態為離婚者占了四・八三%；民國九十二年登記離婚的對數有六萬多對，平均每日有一百六十八對夫妻離婚，離婚率達千分之二・七三。

如果根據內政部統計，一九八九年國內離婚率是千分之一・四，二〇〇二年已提高為千分之二・七三，也就是平均每個月有五千多對夫婦離婚，離婚率居高不下，使得單親媽媽的貧窮問題更加普遍。

不管是沙文主義也好或是傳統的社會價值影響，女性總是一路背負照顧家庭的重

20歲及以上離婚或分居、喪偶者—按年齡分

單位：%

	總 計	20-34歲	35-49歲	50-64歲	65歲及以上
總 計	100.00	6.78	23.89	25.11	44.22
離婚或分居	100.00	17.20	49.80	23.80	9.20
喪偶	100.00	1.00	9.56	25.67	63.78

資料來源：主計處社會趨勢調查，此資料顯示：離婚、分居者多集中於35-49歲，喪偶者多集中於65歲及以上，這階段的婦女都很難再找工作。（中華民國九十一年八月）

擔，女性一旦因為婚姻或育兒離開職場，就無法累積職業資本，即使孩子長大後，也不易二度就業，最常見就是到餐廳或麥當勞端盤子或擦地板的打工媽媽。更因為很多媽媽不會使用電腦、不會打字，也錯失很多工作機會，尤其現階段的離婚率依然是居高不下，離婚婦女有些又必須帶著孩子，不願意把小孩子交給父親，有時候不但造成娘家負擔，自己也很難找到全職工作，尤其打工兼差收入低，不貧也難。

離婚問題錯綜複雜，一旦到非離不可時，女性也要謹記：在還有一絲絲感情的時候，談一些有利於自己的條件！好友嫻雅在中國時報擔任家庭版主編，多年來的經驗，就是要告訴將離婚的婦女，要在夫妻之間還有感情的時候提條件，否則一切免談！曾經，我有一位朋友急於離婚，太太開口要三千萬元，他死都不肯，後來大家勸他：「三千萬元大約是你現有資產的一半，就給太太吧，畢竟她也犧牲很多！」不過他卻認為多年以來都是自己在外打天下，賺辛苦錢，並不考慮妻子對家庭的付出，覺得給她一千萬就已經是天大的恩惠，要三千萬簡直是獅子大開口！

以前有一部電影叫《玫瑰戰爭》，就是演夫妻要離婚的黑色喜劇，因為夫妻到

20歲及以上離婚或分居、喪偶者主要之經濟來源

單位：%

	總計	自己賺取	家人提供	贍養費	積蓄	社會福利機構協助	其他
總計	100.00	35.76	45.04	0.36	11.28	5.21	2.36
離婚或分居	100.00	66.20	18.20	0.60	9.20	3.40	2.40
喪偶	100.00	18.85	59.87	0.22	12.53	6.21	2.33

資料來源：主計處社會趨勢調查。此資料顯示：贍養費不是離婚後的主要經濟來源。（中華民國九十一年八月）

20-64歲離婚或分居、喪偶者最煩惱之事情

單位：%

	總計	經濟來源	子女問題	事業發展	再婚問題	心理調適	其他	無
離婚或分居								
民國87年3月	100.00	32.66	27.45	11.22	16.35	9.07	2.45	0.97
民國91年8月	100.00	51.10	19.82	10.35	7.93	5.07	2.42	3.30
喪偶								
民國87年3月	100.00	42.37	23.30	3.15	2.80	19.42	5.81	3.16
民國91年8月	100.00	54.43	19.27	3.98	2.75	9.79	3.67	6.12

資料來源：主計處社會趨勢調查。中華民國八十七年與九十一年之比較，此資料顯示：離婚或分居者多處生養兒女階段，子女問題及經濟壓力為最大的煩惱。

離婚時候，什麼都要爭、什麼都要分，有一場戲是夫妻兩人同時「盯上家裡共同養的一隻狗」，光是眼神就足以把狗一分為二，那情景到現在都讓我不顫而慄！

其實感情的事，誰也無法定奪，但是基本條件的談定卻是必要的，例如在可能範圍之間談些「贍養費」、孩子的「教育費」等，即使是一人分擔一半，也比一人扛下來的強，很多女性總是割捨不下孩子，寧願累死自己、拖累娘家也要把小孩「搶過來」，有時候並非智舉。相反的，去年我有一位昔日好友離婚了，宣布不要小孩，但是擁有探視權，她在離婚後，搬出夫家，但是選擇住在不太遠的地方，一來方面就近探視，另一方面也與先生協商假日的活動安排，後來她告訴我：「生活上輕鬆許多，我已漸漸走出了離婚的悲情。」我聽了也很高興，去年過年，她還帶小孩去日本過年，母子玩得又瘋狂、又高興，這樣的生活豈不美妙？萬一妳有離婚的考量，前人的經驗倒是值得借鏡。

女人私房話

1. 女性在就業上的困難：家庭和事業兩頭忙、企業主不給高薪聘請已婚女性。

2. 婦女二度就業的問題使女性成為新貧族的代表。

3. 結婚時要談好夫妻共擔的「家庭費用」，趁有感情時要先談好「離婚條件」。

誰說女人一定要扛家務

女人要脫離窮媽媽，要有意識上的覺醒，首先，在當媽媽之前，必須自信地走入職場，讓自己經濟獨立，提高女性自覺，對於父權社會來說算是女人的「解脫」，但是如果決定走入家庭，很快地就會成為父權社會的附屬品，一下子的家務壓力都落到女人身上，女人只有「虛脫」兩字可以形容！

主計處每四年進行一次社會發展趨勢調查，從全國戶籍資料中依村里與住戶兩階段抽樣，共有一萬三千戶、約四萬人受訪，民國九十一年最新統計顯示：台灣地區的家庭中，男性成員平均每天料理家務時間只有一．〇五個小時，女性占二．六二個小時，為男性的兩倍多；妻子若為職業婦女，處理家事平均時數為二．四六小時，是丈夫的二．二倍；若妻子為家庭主婦者，其處理家事平均時數為三．七四小時，是丈夫的三．四六倍。這結果證明女人不管在職場上表現多好，回到家中對於家事還是要一肩扛起。

通常在夫妻同住的家庭中，妻子不管有沒有上班，都是家務的主要負責人，男主人回到家就是翹著二郎腿在看報紙或電視，只是偶爾修修家電或倒垃圾，想一想妳家的男主人是不是也如此呢？

若分析二十歲以上家庭成員料理家務的時間，六十至六十四歲的男性是各年齡層中做家事時數最多的，平均每天做家事一・三八個小時。男性年紀越輕、做事時數越少，二十至二十四歲的年輕男性平均每天只做〇・七小時，到了三十五歲以上才勉強超過一小時。

女性家庭成員中，負擔家務時數最多的年齡層分佈於五十五至五十九歲，平均每人每天三・四七小時；其次是六十至六十四歲，平均每天三・三二小時。女性成員做家事時間也是隨年齡增長而增加，但不論哪一個年齡層，女性做家事時數都是男性的兩倍以上。

跟男性相比，女性是家裡的苦力階級。男性主要負責房屋、水電與傢俱的簡易

20歲及以上同住夫妻平時處理家事時數

單位：%

	總計	未滿2小時	2-未滿4小時	4-未滿6小時	6-未滿8小時	8小時及以上	平均時數(小時)
總計	100.00	49.14	33.56	12.03	3.15	2.11	2.10
夫	100.00	78.20	17.97	2.84	0.67	0.33	1.10
妻	100.00	20.09	49.15	21.23	5.63	3.90	3.11
按妻之就業狀況分							
妻就業							
夫	100.00	78.43	17.85	2.86	0.58	0.29	1.12
妻	100.00	29.15	55.03	12.71	1.99	1.12	2.46
妻未就業							
夫	100.00	77.91	18.11	2.82	0.80	0.36	1.08
妻	100.00	11.28	43.42	29.52	9.22	6.56	3.74

主計處每四年進行的社會發展趨勢調查，以兩階段抽樣，共一萬三千戶、約四萬人受訪。主計處調查顯示：國內雙薪家庭比重超過四成，但不論妻子是不是職業婦女，夫妻同住時，妻子投入家務時間為丈夫的 2.83 倍。(中華民國九十一年八月)

維修，偶爾倒垃圾，但女性囊括八成以上家事，舉凡打掃、買菜、準備三餐、廚房清理、倒垃圾、清洗衣物、照顧孩童、老人或病人護理等都是女性負責。家電、傢俱不是天天需要維修，家庭雜事卻是每天要做。

由主計處報告就可以明顯看出來，兩性家庭分工明顯不均，台灣女性的政經地位在亞洲國家中居冠，但回到家還是有做不完的家事，女性對婚姻的不滿意程度，也遠高過男性，尤其現代社會中，雙薪家庭非常普遍，因此家事的分工是必須的。

所有女性朋友都知道：「家事就是做的都沒看到，沒做的全看到了！」也許剛整理完廚房，不過並不會有人發現廚房特別乾淨，倒是門口的一雙襪子壞了一家子的乾淨，職業婦女不但有工作壓力，還要身兼媳婦、妻子與母親的角色，確實需要超人的樂觀與毅力。

家庭是兩性共同組合，但是男性做家事時數少得可憐。主計處調查台灣的男性平均每日做家事一小時，但實際上不做家事的男性不在少數，而且即使幫忙整理家務，但可能也達不到一小時。尤其小孩是夫妻愛的結晶，但是在九成一以上的受訪

家事之主要負責人員

單位：%

	總　計	家中男性成　　員	家中女性成　　員	傭　傭	其　他
打掃	100.00	15.69	81.72	2.02	0.57
買菜	100.00	10.83	87.98	0.76	0.43
準備三餐	100.00	7.86	90.06	1.51	0.57
廚房清理	100.00	9.48	88.18	1.96	0.39
倒垃圾	100.00	38.72	58.69	1.84	0.74
清洗衣物	100.00	10.45	87.36	1.79	0.40
房屋、水電及家電簡易維修	100.00	85.04	8.36	0.25	6.34
照顧孩童	100.00	7.17	91.03	0.85	0.96
照顧老人或病人	100.00	18.88	73.47	6.79	0.86

資料來源：主計處社會趨勢調查。（中華民國九十一年八月）

家庭裡，照顧孩子都是女性的工作。聘請傭人的情況雖然逐漸普遍，但全台灣只有二・三%的家庭僱請傭人，多數家庭的家事還是由家中女性包辦。

家庭不能當女人的避風港，反成了勞碌戰場，這也是女人最深的無奈、最難解的習題。

好友蕙仙就說：「女人有大大壓力：事業、家事、時間、丈夫、小孩、金錢。」這六大壓力幾乎使得女人崩潰，要避免自己陷入崩潰局面，首先就要培養另一半的自覺，讓丈夫以及孩子大家都來瞭解妳的極限，同時分擔家務，解決了之後，再來培養自己的金錢自由，唯有如此，才能避免走向窮媽媽的宿命。

女人私房話

家務是全家人都必須共同分擔的，避免自己陷入崩潰，一定要技巧性的讓另一半和孩子一同來做家事。

嫁給黃金單身漢

女人想要晉身富貴之門，大概就是兩條路，一是透過教育，第二就是靠婚姻，這兩項都是改變階級流動的關鍵，也是通往財富的兩扇大門。

基本上，女性要擺脫經濟弱勢，最主要還是靠教育，教育程度高，通常都會容易嫁得好人家，例如同班同學或是學長、學弟等都有機會，尤其兩性薪資差異會隨著教育程度增加而變小，當前高等教育在學女性已高於男性，這是很好的現象，我也鼓勵女性多學習，即使是在職之後的進修也都是重要的充電管道。

在教育課程的選擇上，女性也要有打破職業隔離的魄力，不管是過去職業訓練貫於幫女性安排美容、美髮，幫男性安排電腦技能課程，即使是父母也希望女性學商、學家政，這些刻板印象也使得多數女性勞工仍侷限在傳統低收入的幾種行業，因此，未來女性都應該增加自信，不要只是在傳統的窠臼中載沉載浮，要勇於踏入有前景、高挑戰性的領域，才有機會創造自己豐厚的未來。

我今年三月到交通大學演講，來接待我的竟然是一位青澀的女同學，我很訝異，不過她說：「我很幸福！」深入詢問之後才知道原因是交大屬於工科學校，男同學居多，而她進入學校以後，追求者從沒有斷過，其實女人何必自己限制自己的領域，多嘗試理工類別的科系，不但可以在工作領域上有所突破，連愛情都備受呵護，只要廣泛嘗試各種可能性，追求經濟自主，才能活出自我，擺脫貧窮。

除了教育之外，婚姻也可以改變階級流動，「嫁個黃金單身漢」更是普天下女人的共同願望，以前我聽跑時尚的記者說：「很多年輕美眉總是在中山北路的晶華酒店流連往返，因為晶華酒店地下層都是精品名店，去逛的人個個身價不菲，想要吊凱子，就把自己打扮得美美去逛上一下午，也許就能認識幾個多金的白馬王子。」這個方法的確不錯，不過，要嫁給黃金單身漢，本身也要有兩把刷子，至少外在和內在條件旗鼓相當，彼此有互相吸引的利基，才容易開花結果。

在過去嫁給黃金單身漢或是晉身豪門少奶奶的女人，大約不脫幾個主要行業，包括演藝人員、空中小姐、電視主播、新聞記者、模特兒，現在則是多了理財專員這項新職業，因為理財專員各個都有財經常識，幫人管理財富，很多財團大老闆都是因為理財貴賓室的美麗女專員服務好、專業知識又豐富，所以想介紹給自己的兒孫輩。

前一陣子，有一個新聞出乎意料之外，就是被認為要拋頭露面、到處伺候人的服務業飯店專員，也是大財團相中的好媳婦人選，原因無他，因為女孩子待人接物的方式討人喜歡，這點也說明了，本身的工作專業讓人稱讚，處處都有白馬王子或是王子的人馬來找妳，重點是妳有沒有這樣的條件？

對於很多人來說，大概都承認「大富由天、小富由命」，儘管我並非宿命論，不過是

20歲及以上未婚者認為美滿婚姻之主要條件

單位：%

	總計	互信互諒	志趣相投	愛情	經濟	家庭背景	和諧關係	個人空間	婆媳關係	健康	其他
總計	100.00	46.13	13.07	7.11	25.85	0.73	0.35	1.82	1.12	3.38	0.45
男	100.00	45.99	12.70	6.83	26.35	0.79	0.28	1.86	1.35	3.44	0.40
女	100.00	46.27	13.54	7.47	25.11	0.66	0.44	1.76	0.88	3.29	0.59

資料來源：主計處社會趨勢調查，由以上表格顯示：經濟問題已躍昇為未婚者尚未結婚之主要原因。（中華民國九十一年八月）

不是會嫁給黃金單身漢或是嫁入豪門，多少也要命中注定，大戶人家總是規矩多、限制多，以前我採訪過兩個不同財團對於媳婦的要求，一個是希望媳婦要出去工作——「以免不知道民間疾苦」；另外一個財團則是最好待在家——「千萬不能出去拋頭露面」。有的豪門少奶奶是看得到、吃不到，連出去吃飯都要規定不能超過五百元，也有少奶奶靠拚命生兒子確保家庭的地位，總之，要大富大貴，其實只要手邊有錢花、自己能賺錢，看得到、吃得到最實際，沒能嫁進豪門，但求能在陋巷當個掌握經濟大權又能發號司令的女主人，不是更自在快樂嗎？

女人私房話

1. 女人在學習上不用侷限自己，多方面嘗試，就有更多可以揮灑的空間。
2. 女人有自己的專業，不怕沒有黃金單身漢來追。
3. 嫁入豪門不一定好，做個自主女人才是真幸福。

PART 2 訂做理財寶盒

* 無論妳要不要理財，女人，都要有個醫療和意外的保險，以及退休金規劃。

* 快樂＝所得÷慾望。

* 理財三Q就是IQ、EQ、AQ。

* 拿一年的生活費（或是一年收入）除以十五％，反推回來，妳就知道應該投保多少保障的意外險。

* 單身貴族最大的迷思，以為自己一個人過，就不需要有任何短中長期的理財。

* 家庭的保險規劃可以以丈夫為被保險人，讓自己成為受益人。

* 把家裡的房貸加上小孩的教育費用，作為保障額度，是基本的保險。

* 足夠的醫療險是給孩子最好的禮物。

* 採取輪流制或是業績制，是夫妻共治家庭財政的好方法。

* 婚前協議的第一原則就是——趁彼此都有感情的時候，去談條件。

突破理財冷感障礙

女人，要理財，先要突破對錢沒概念又冷感的障礙，妳是不是也有理財冷感的毛病呢？我發現很多年輕女生花錢的興趣大過於投資理財的興趣，已婚婦女則是把一切投資的權利全部推給先生，自己完全不過問，也懶得問，等有一天，先生不再像從前呵護妳，或者是年華老去，加上許多身材姣好、皮膚稚嫩和臉蛋天真的妹妹在妳老公身邊晃來晃去時，這時妳才發現威脅很大，口袋又空空，不安全感立即浮上心頭，於是，夜深人靜的時候才開始悔恨不已，如果妳不想有這樣的未來，那麼，理財第一步，就要先克服妳的理財冷感障礙！

1. 理財無罪，愛錢有理

人生的需求和慾望或許很多，女人愛美食、華服或鑽戒，男人愛名車和豪宅，這些都是物質慾望，但是什麼才是真正必要的需求呢？妳在一無所有的時候，還能夠有什麼依靠呢？絕對不是這些鑽戒名車可以幫助妳的。沒工作，會繳不出房租，沒老公，只剩兩箱衣服，就沒了精神依靠，沒親人，老了，也沒人照顧。女人最大自覺是什麼？就是一定要有穩固的財務基礎和後盾。

因此，理財無罪，愛錢有理，女人太幸福是會招來嫉妒之心的，不要總是以為自己就是完美又幸福的小女人，職場競爭瞬息萬變，妳的工作技能有可能漸漸不符合市場需求，丈夫也可能無法一輩子任妳依靠，子女長大後不在妳身邊的機率更高，只有——錢不會離開妳！所以趁早有警覺，早一點跟錢拉上關係，藉著一本書、一份雜誌、一個電視節目或是上網瀏覽一下理財知識，充實自己，都有助於妳早一點擁有錢的幸福方程式。

2. 勇敢去做

女人總認為理財是一門高難度的知識，害怕接觸了以後，像是「鴨子聽雷」，所以一直抱持「既期待又怕受傷害」的心情，但我總認為「管錢」基本上是種本能，很多孩子知道錢可以買糖果、買玩具的時候，如果給他十元，他就能緊抓不放，小孩都會這樣，更何況是大人。

不要害怕跨出「管錢」第一步，也不要太過在乎男人怎麼想，女人比男人細心很多、觀察力強、計算能力、記憶力都比較好，最重要的是直覺也夠準，因此在金錢戰場上，妳絕對不是天生的弱者，勇敢地去學理財，反而有機會贏一個美好的人生！

3. 要有冒險精神

過於保守的理財觀念也是導致理財冷感的關鍵，很多女性都喜歡有保障、具有安全感的投資工具，比如定存、跟會，頂多再加個保險而已，因為這些投資工具簡單又容易上手，而且也不太需要花太多時間去管，更遑論專業知識的充實，錢放在那裡不管，永遠裹足不前。

很多女性都以跟會、定存為主要的投資工具，通常這只是消極的防禦，沒有積極的操作和冒險的精神，好像買股票和基金，甚至是期貨、認購權證和外匯都是男人的事，其實才不呢！別以為跟會和定存就沒風險，跟會遇到不老實的人就會倒會，沒有法律保障，風險可高了；二十年前定存利息很高，年利率十二％左右，放一百萬有十二萬，現在呢？年利率差不多一・四％，放一百萬只剩一萬四，定存利率隨著銀行利息年年調降，通貨膨脹率還會把妳原來的大錢變小呢，這些警訊，妳不能不防！

4. 別拖延時間

拖延時間是最大的致命傷，拖延的方式有很多，例如總覺得花都不夠，哪還來得及存，要不然就是沒有時間管，其實只要有開始就不會晚，把妳的收入減去儲蓄再來考慮花費吧，這就是理財第一步，人的一生，幾個十年一下子就過了，現在不存錢，更待何時，拖延只是讓自己的時間優勢盡失。

很多人總是知道自己應該要開始規劃金錢的未來，卻遲遲找不到黃道吉日，許多人都是立志「下週一」開始減肥，要不就是決定「下個月」開始吧！但一拖再拖是越來越胖，不過，減肥或許還好，可怕的是有很多人都喜歡說：「等我有錢的時候再來想吧！」或者是目標總以「明年」訂之，這樣的人，自覺不深，行動又慢半拍，很難變成永遠都幸福的女人。

5. 控制風險

女人比較不像男人敢於衝鋒陷陣，由於害怕失敗的鴕鳥心理，使許多女人都非常地害怕風險，比如要買基金之前會先擔心，不知道會不會賠錢；要買股票之前，也躊躇不前，要不然就是不做功課一下子聽了人家的明牌就進場，這些擔憂或一時情緒衝動都是不瞭解風險所致。

有些菜籃族，上號子玩股票經常是拿全家的吃飯錢來玩，看到漲就追，看到跌就賣，結果賠得悽慘。懂得控制風險的女人就不同了，她必須先把每個月食衣住行所必備的金錢存起來，然後把該做的儲蓄和投資計劃好，剩下的就是一點閒錢了，一旦有「萬一」的時候，只要本錢都還在，就不怕有賠光光，這就是風險控制的觀念，以下是一個懂得控制風險的單身女人理財規劃：

最重要的是，妳一定要克服由失敗中所累積的經驗，藉由學習和經驗來降低風險、增加投資報酬率，更增加妳的投資信心！

當妳已經克服投資理財的冷感障礙之後，一定要馬上開始行動，假設妳現在四十歲也不嫌晚，因為女性的平均壽命是八十二歲，每五年還會增加一歲，妳至少還能規劃四十年以後的日子！

理　財　規　劃	
總收入	36,000（元）
儲蓄	6,000
日常生活開銷	6,000
房租	15,000
投資基金扣款	6,000
存玩股票的資金	3,000

接下來，姊姊妹妹們，我們來談談如何訂定短、中、長期目標，包括出國、進修、買屋、子女教育、退休養老等規劃，然後將可投資的資金進行整理與配置，這樣就可以擁有幸福快意的人生。

女人私房話

1. 決心學理財，並會理財，是女人有錢第一步。
2. 女人，要克服理財冷感障礙。

不同階段女人的理財規劃

人生各個階段不同，想法也就跟著不同，因此所有的思想、觀念、行為和做法也都會跟著改變，理財規劃也是一樣的。

1. 保險規劃是第一步

女人的理財觀中，保險一直是最重要的一環，我經常在想，如果有人一輩子都不想理財，覺得錢夠用就好，或者只想把錢放在定存裡，那也無所謂，因為有的人想賺大錢，有的人卻知足常樂，但是不管如何，都一定要有個保險，妳不見得要留下多少身後的錢，而是，未來的醫療費用會越來越高，如果有保險搭配，在生老病死的歷程中，便不會過得太悲苦。最近我有一個朋友的爸爸得了癌症，醫生診斷為末期，由於已經沒得治，醫院覺得我這位朋友的爸爸每天住院實在浪費他們的病床，於是就趕他們回家，很令人心痛，不是嗎？但有錢的人就不一樣了，有了錢，至少可以有個比較好的安養照顧，老了，病了也好請個看護。

先做好保險規劃，再來思考如何計劃妳的人生，每個人想法不同，個性不同，錢要多要少也都因人而異，理財規劃的需求也隨著不同，重點是：妳自覺了嗎？女人要有錢、女人要經濟自主不是罪惡，是保障，自覺以後還要有行動。女人一定要記住，理財本來就有立足上的不平等，越早開始規劃的人，錢越多，時間總是優勢。如果妳不是這樣做，那麼就等危機圍繞在妳身邊。

2. 理財觀融入生活習慣

理財的第一步是把錢管理好，即使整理出來自己一個月的收入與支出，也是理財，跟會、存銀行、買郵局儲蓄險等都是理財，在大賣場中比價也是一種理財的習慣，理財的觀念，就是先認識錢，同時知道應該如何的運用，它跟生活的習慣是息息相關的，就像女人出門時總得穿戴整齊，最後不忘噴個香水出門，理財也是把生活上點點滴滴的財務管理好，然後以最佳狀況的形象出門。

其實，理財應該從生活中的每一個細節開始建立，即使是打電話的一塊錢，都要審慎處理，如果妳之前常花錢不眨眼或者根本沒有金錢觀念，現在，更要好好建立自己的理財觀，把理財知識融入妳的生活當中，內化成為妳性格的一部份，很多人經常說：「及時行樂，有錢的時候就要把它花掉。」如果妳有這樣的觀念，應該趕緊矯正，因為理財是一輩子的事情，大家總是談理想、談生活、談娛樂，卻忽略了理財才能夠成全更美好的人生，以下我們就來談談不同階段的女人，所具備的理財觀。

(1)初入社會新鮮人的妳：立志賺大錢

以二十歲到二十五歲的青春一族來說，存款通常不到五位數，這個階段的女人多半是剛畢業，常是三天兩頭換頭路，要不然就是正在找適合自己的工作，姊姊妹妹若是住在家裡還好，如果是自個兒住在外面，肯定是月入兩萬八，入不敷出，有時候三五好友約約唱歌、逛街，卡一刷，馬上就讓自己陷入過度消費的壓力中，這時候，如果能省則省，才算是跨出正確理財的第一步，理財之前不能負債，立即就要開始立志，做個八位數字的女人，找到自己的興趣，發揮所長，努力工作，讓自己加薪，並且擠出一些錢來做投資。

＊二十歲至二十五歲

1. 從生活中建立理財觀念。
2. 別浪費金錢。
3. 立下存錢目標。
4. 發現自己的興趣，找一份好的工作。

(2)二十五歲到三十歲新新女性的妳：投資計畫的黃金期

二十五歲到三十歲的新新女性，由於已經有了固定的工作及收入，因此，這時候也是制訂投資計劃的黃金時期，同時此時的女性執著於工作，吸收新資訊的速度很快，經濟能力正在急速上升，承受風險的能力較高。身處於這個年齡的女性，如果已經有了理財計劃和投資標的，應該已經（且必須）墊下百萬富婆的基礎，以每個月定時定額的方式購入風險較高的科技基金或新興市場基金，比如美國高科技或者亞洲成長基金等，長時間來說，都會有不錯的報酬率。

當然，在投資之前，妳必須先做好功課，比如常常看相關的報章雜誌或上網查資料，瞭解每個區域或標的物投資的前景，還要設定獲利滿足點，如果自己已經賺到所預期的報酬率，就要有贖回的動作，拿贖回的錢出國放鬆一下心情，或是做為結婚、育兒基金都是很好的規劃，報酬率方面建議十五％至二十％左右，是積極的目標。

這時候的女性如果投資股市，也是不錯的選擇，二〇〇四年開始，剛好是景氣復甦的第二年，顯然景氣還會再向上攀升，雖然現在投資股市的風險相對提高，但是銀行利息相對偏低，如果倒過來計算，假設一筆錢放在銀行，利息有多少？拿去買股票，賺的股息折合成年利率，只要比銀行利息高，就值得去投資，這就是股票市場上說的「定存概念股」，要是再加上這家公司賺錢所分配的可觀股利，都是很好的投資機會。進一步來說，不論景氣好壞或是買張股票等著配股配息，這個年紀的女性都可以嘗試進入股市。

＊二十五歲至三十歲

1. 制訂投資計劃。
2. 投入風險較高的標的，如股票或基金。
3. 報酬率約十五％到二十％。
4. 三十歲以前應該有百萬富婆的經濟基礎。

(3)三十歲到四十歲成家立業的妳：落實家庭理財計劃

三十歲到四十歲女性，變化很大，很多計劃都趕不上變化，即使如此，女人們也要有一套因應準則，才有迎接一切挑戰的勇氣，這時期的女性都會面臨到結婚、建立家庭、養兒育女、買車、購屋等多重經濟壓力，所幸，這時也會有一個妳所愛的人跟妳分擔經濟大任。

女人一到這個年紀，家庭事業兩頭忙，經常容易亂了陣腳，突如其來的負擔都來了，除了要購屋和買車之外，還要計劃孩子出生後的花費、教育基金的累積，前不久才發佈一個報告，養一個孩子需要五百萬元到一千萬元，生孩子等於負債的開始，更讓想結婚的男女嚇得手腳發軟，此外，退休規劃也少不了，尤其是夫妻兩人的退休金。

家庭理財規劃要集中資源來進行開源節流，記帳習慣更是重要，除了幫助妳瞭解家中的財務支出之外，也能知道家庭中有多少現金流量，另一方面，家庭經濟負擔重、年齡較大的人投資規劃要保守，家中需要保留一些現金（約六個月以上的生活開銷），以免臨時發生事情需要急用之外，其餘的資金配置需要保守，以我個人建議，配息型基金是不錯的選擇。

當然，孩子的投資規劃必須獨立進行，包括孩子的保險以及以後的教育基金，這方面，我還是推廣定時定額投入基金，因為基金和跟會的效益相近，如果能每月幫孩子存個三、五千元，做好規劃，女人省下幾場電影和坐小黃的費用，甚至與姊妹們喝咖啡、聊是非的午茶費就都可以省下來，即使報導上說養一個孩子要五百萬元，並非要妳立刻拿出來，而是慢慢的花、慢慢的用，存錢也是一樣的道理，慢慢的存、慢慢的累積，不知不覺地，妳會發現一段時間以後，一點一滴存錢和投資所帶來的魔力。

這個時期如果是未婚的女性，就可以以買車或買屋做為規劃基礎，並且提早做退休規劃。此外，過去高報酬率的投資標的仍要持續投入，但是必須加入保守型的投資計劃，把自己所有貸款的帳戶整合到一家銀行，如此一來，會有比較好的房貸以及車貸利率，同時也可以確實知道自己的負債狀況。

此時，加入平衡式基金，可以沖淡投資風險過高的資產配置，是屬於比較穩健保守的做法。追求高波動風險的外幣投資，搭配債券投資，兼守與攻的策略也是可行的，投資工具都可以相互搭配，沒有好壞之分，端看妳個性上的需求和訊息取得容易與否。

＊三十歲至四十歲的已婚女性

1. 資金配置：購屋、購車、投資基金、家庭日常開銷、緊急備用金、教育基金、保險費用、退休金規劃。如下：

理財計劃	總收入分配	佔總收入比例
家庭日常開銷	18000	30%
緊急備用金	3000	5%
教育基金	6000	10%
保險計劃	6000	10%
退休金	3000	5%
購屋	12000	20%
購車	6000	10%
投資計劃	6000	10%
總收入	60000	100%

2. 投入風險較高的標的，如股票或基金。
3. 報酬率約十五%至二十%
4. 三十歲以前應該有百萬富婆的經濟基礎。

＊三十歲至四十歲未婚女性

1. 以車貸、房貸和退休金規劃為主。
2. 穩健保守作法：平衡型基金和股票型基金。
3. 兼守與攻：外幣和債券投資。

(4) 四十歲到五十歲的妳：轉趨保守型

四十歲至五十歲的女人，必須非常保守的進行財務規劃，以這樣的投資觀念持續到老，切勿突然一時興起，聽了股票明牌或者是好康的事情，比如合夥生意，就把大筆鈔票投入，這樣做，風險很高，容易覆水難收。

我自己差不多是三十好幾對於理財知識才真正開竅，開始進行財務規劃，現在我的個性是偏向積極的操作方式，不過，老公是個極度保守的人，夫妻兩人一個敢衝、一個保守，剛好是很速配的組合。四十歲的女人一枝花，不是不能進行積極性投資，而是如果妳是已婚女性，就必須以家庭的開銷和負擔為重，孩子教育費用是非常高的，與年輕的女性相較之下，就應該更加保守因應。畢竟，只要稍有閃失，家庭中每個成員都必須承受風險所帶來的壓力，這時候就應該避免大量負債。

四十歲以上的女人，我建議投資債券型基金或是海外高收益債券比較安全。

＊四十歲以上的女性

1. 避免高風險的投資。
2. 保守制訂理財計劃，投資債券型基金和海外高收益債券。

(5)五十歲以上的妳：有錢又有閒

五十歲以上的女人，將可以達到有錢有閒的階段，如果這時候累積了可觀的財富，就可以把錢交給專業的信託管理，讓自己無憂無慮的享受人生，我想是最佳狀況。如果沒有，妳也要有贈與稅的節稅規劃，這也是一種理財，財務規劃不能有半點風險，一切以保本為主，有點利息的收入就好了，再加上適當規劃財產的贈與方式，是比較健康可行的。

當然，我也不建議太早把錢移轉給孩子，或許是跑新聞太久的後遺症，一生下來就衣食無缺、含金湯匙的孩子，人生不見得精采，還有現代的父母總是希望把錢留給孩子，即使是退休本或是棺材本，也要掏出來給孩子。

我有一個朋友，當時她弟弟在台北想買房子，她的媽媽就想盡辦法，想把祖產賣了給弟弟買屋，後來，我朋友極力阻止，不是因為她是姐姐而想分一杯羹，而是她分析，賣了祖產兩老就必須北上跟兒子、媳婦一起住，即使出錢的是兩老，主臥房也不會是兩老住。當然，婆媳住久了，問題也就多，後來，我又聽朋友提起這件事，她媽媽決定不把錢給弟弟，還是繼續住在南部，每次想看兒子跟媳婦時，就坐飛機來台北，選一個大飯店住下來，叫兒子跟媳婦都來飯店吃飯，大家很開心，現在兩老住遍台北的飯店，已經決定向國外發展，如果這個媽媽當時把錢全部留給弟弟，我想就會有不同的生活，可以想見，一定會比現在更差，所以在做規劃的時候，一定要把自己的享受也一併規劃進去。

＊五十歲以上的女性

1. 交給專業的信託管理。
2. 盡量不要太早把錢留給孩子。

女人私房話

無論妳要不要理財，女人，都要有個醫療和意外的保險，以及退休金規劃。

做八位數字的女人

基本上，做八位數字的女人，必須由儲蓄開始，不管是男是女，三十歲之前的薪水扣掉生活所需，通常所剩無幾，這也是一班人很容易放棄理財的原因，有很多人忙著工作賺錢，但是賺的錢像流沙一樣從指縫流走，抓也抓不住。

女人一定要有賺錢的夢想，因為這是力量的來源，但是在此之前要體認第一筆財富，一定是靠存錢而來的。

不久之前，我在中國時報的家庭版中，看到一位六年級生宣示自己要做一個九位數字的女人，一看到九位數字，我就覺得她真是豪氣干雲，看完她的故事，更確定我的觀察：做個八位數字的女性，也要由儲蓄做起！

這位女性回憶剛踏入社會時，因為從事行銷業務，憑著年輕衝勁，每個月都有五至六萬元的收入，生活舒適安逸，且家中也沒有經濟負擔；所以一向獨立自主的她，對理財並沒有特別想法，只覺得賺錢似乎並不困難，只要努力就會有收穫。

沒想到，母親卻給她一個新的規定：定存達到一百萬元之後，剩下的錢才讓她自由使用，儘管她非常不解與不贊同，一向不干涉她使用錢的母親，卻開始要幫她「理財」？而且捨棄基金、股票、跟會這些高獲利的投資，採用最傳統、最保守的定存方式，她心想：這真是太落伍了；沒想到媽媽又說：「身邊有現金才無後顧之憂，而且都是用妳的名字存的，又不是花在我身上……。」她找不到反駁的理由，只好答應母親。

她很坦白的說：

剛開始的確有點辛苦，因為花錢很容易，那時我的一些同事們一個晚上就可花費近一萬元的置裝費，身上戴的是名牌手錶和皮件，大家比來比去看誰的比較美、比較厲害；自己雖也心生羨慕，無奈答應媽媽的目標尚未達成，除了一般的生活開銷之外，只好乖乖把錢存下來；每當帳簿上湊滿五萬元或十萬元時，就交給媽媽以定存方式整筆儲蓄，漸漸的，在這一點一滴儲蓄的過程中，我開始慢慢建立起自己的金錢觀、消費觀，也不再想追求流行與名牌。

痛苦的時間並沒有太久，因為作者記得很清楚！

約兩年後母親告訴我：「看看妳的定存單，共有八筆，已經達到一百萬了喔！」我興奮的問媽媽：「可以拿來買車或買房子當頭期款用嗎？」「不行，買車要養車，房子等以後結婚再買。」媽媽說。我頓時很沮喪，問她：「存那麼多錢不能用要幹嘛？而且定存利息越來越低？」這時，母親又展現出她的理財智慧：「雖然利息低，但終能保本，如果妳想投資、做買賣，再存錢就有了。」

就這樣，過了五年，作者已經三十歲了，雖然早就離開了競爭激烈、待遇較高的業務工作，現在只是個普通的上班族，和大家一樣面臨了股票狂跌，景氣、利息跌至谷底、失業率達到高峰的苦日子；但她仍然可以買車、保險、定期投資、出國旅遊，還有足夠生活的存款。

作者說：

我沒有變成月光族、沒有負債、沒有貸款、沒有循環利息，且不受金錢所左右，生活真的很快樂；這全部都要感謝我的母親，讓年輕的我在累積人生第一筆一百萬的過程中，瞭解到金錢使用的意義，訓練了我抵抗誘惑的能力，那一百萬至今仍然存在，雖然隨著時間的流逝和通貨膨脹的影響，已降低了它的身價，但我永遠忘不了它的存在所帶來的價值。

如果沒有媽媽堅持存下的一百萬元，再多的金錢都將和妳擦身而過，不具任何的意義！

這篇真實的投書，的確可以當成很多人在邁向八位數字女人的最佳見證！紐約證券經紀公司資深副總裁、巴哈集團（The Bach Group）合夥人大衛巴哈，在暢銷著作《聰明女人致富七招》中提出，對於金錢的最大迷思是「賺更多錢，就會成為有錢人。」事實上，決定財富因素，不是賺多少錢，而是能存多少錢。問題不在收入，而在支出。書上指出：「女人在未來的二十年，決定妳財富的因素，不是收入高低，而是妳怎麼處理所賺的錢。」

有人說女人是極端的動物，只有是跟非，黑與白，對於很多游走在灰色邊緣的男人來說，覺得很不可思議，就像男生認為，喝酒不對，但是若是為了事業，就可以接受，女人才不認為喝酒等於業績之類的話，這也是男女之間沒有交集的原因。

反映在女性的投資特質上，也是出現兩種極端的趨勢，一種是非常積極的理財，把所有力氣、所有的錢都投到資本市場，她們積極聽消息、聽明牌，追求投資機會，即使受傷情況有時非常慘重，也不會改變自己的理財性格，於是多年努力總是零合遊戲，賺賠相抵！

另外一部份的人完全沒概念，完全不理財，有收入，不是花掉就是放銀行，有的寧願放在自己家裡的保險箱，也不願意做投資，因為「沒興趣、不想太麻煩！」假設有一天下定決心去買一支基金，也是買了就放著，她們的財富不會有太大的變動，因為通常有一天想起來的時候，已經是多年以後的事，還可能賠了不少。

這兩個極端都不是好的理財方式，如果沒有足夠資訊、沒有持續的熱情理財，沒有養成理財習慣，妳永遠只能在零和中打轉，不會成為邁向八位數字的女性！

除了投資得道之外，高收入不表示有財富，財富的累積有兩方面：賺得的薪資是不是獲得有效管控，有一部份是儲蓄，有一部份是花費。儲蓄的部份是如何提高投資報酬率，想要以複利的累積方式，才能有更好的報酬率。

對於目前時下的女性來說，我還是有一點點忠告：快樂＝所得÷慾望，所得越高，慾望越少，快樂越多，當然，所得越高，慾望又多，還是可以帶來很多快樂，因此，女人有錢真好，一定要立志做一個八位數字的女人！

在不景氣或沒有資產的時候，盡量不要有負債，一時的延緩享受，其實可以帶來後面無窮的快樂，我有一個朋友年紀輕輕就有一支媽媽送的鑽錶，不過一直沒有戴，不是怕被搶，而是「戴了人家也不相信」，在她四十歲生日的時候，才開始戴它，這時候鑽錶光彩奪目，把她襯托的更美，所以年輕的時候，多存錢、多忍耐對財富累積還是有助益的。

要花錢的時候，記住先留下半年薪水的現金。一來不能指望公司可以永遠保障妳的薪水，這也是代表妳不會忽然離職，半年的薪水是安全基金，讓妳離職之後，有半年的時間慢慢找下一個機會，即使留在家裡吃閒飯，也不會覺得有壓力或是很丟臉，乃至於失去找工作的信心。

最後，要記住不要輕易辦理現金卡或運用循環利息，因為通常都會得不償失的。

女人私房話

1. 第一筆財富，從存錢開始。
2. 財富的累積有兩方面：部份是儲蓄，部份是花費。
3. 快樂＝所得÷慾望

擺脫三高、擁抱三Q

所有人都希望追求「三高」，這代表「學歷高、身材高、收入高。」當然女性還要追求「胸線高」的完美境界，這幾乎是人人夢寐以求的優勢，不過，如果現在擁有「三高」條件可就不讓人稱羨了，因為現在的「三高」代表日漸嚴重的社會現象：「消費高、負債高、失業率高！」根據金融局截至二〇〇三年底的統計，平均每一位信用卡持卡人積欠將近五萬元的卡債，可見很多人為了維持優渥的生活品質，以致舉債度日，外富內貧的「貧窮貴公子」、「貧窮富千金」到處可見！

高優質生活是每一個人的夢想，但若是因為如此就要背負利息高達二十％的負債實在得不償失，女人要打造理財寶盒，就要認清三高的真正意義，擺脫理財的迷思、由擁抱投資3Q開始！

1. 要有IQ

「ＩＱ」（Intelligence Quotient）代表人類的智能，在投資理財上，可以解釋成對理財知識的瞭解與智慧，透過財經書籍或專業投資顧問的建議，投資人可以對金融商品的風險、報酬及交易成本有所認知，不再輕易陷入舉債消費的理財盲點，同時，ＩＱ高一點，對於市面上眾多的金融商品，不會掉進陷阱裡，很多人以為銀行刷卡不收利息或是銀行不會賺妳的錢，那妳的投資ＩＱ就太低了！

2. 擁有EQ

擁有ＩＱ無法保證富貴一輩子，許多聰明絕頂的投資專家也曾在股海滅頂，因此第二個Q就是「ＥＱ」（Emotion Quotient）——情緒管理能力，這才是面對詭譎多變投資環境的致勝關鍵，盲從是人類情緒上的弱點，追隨大眾盲目投資只會讓人成為買在高點的苦主，所以，管理投資情緒不受大眾左右，不盲目追求短期高額利潤，才是穩健的致富之道。

我常常看到許多夫妻都是因為理財EQ不夠高，成為最大的致命傷，最常聽見的就是：「我早就告訴妳要賣股票，妳就是不聽，活該！」其實千金難買早知道！放馬後炮最容易破壞夫妻感情，尤其對於夫妻而言，大家都想為家庭經濟貢獻心力，絕對不會想要賠錢，賠錢已經夠難過了，還要被羞辱，這就是EQ不夠，也許有時候賺到了錢，卻失去了夫妻之間的感情與信任，因為「大家分道揚鑣，賺賠各自負責！」這樣的結果對賺錢一點也沒有幫助，也無助於精神生活的改善，千萬要避免。

投資致勝的關鍵—理財3Q

理財3Q	意義	學　習　重　點
IQ	增進理財知識	涉獵財經資訊、諮詢專業投資顧問的意見。
EQ	管理投資情緒	理性投資不盲從、不追隨短期大漲的投資標的。
AQ	應付投資逆境	在市場最悲觀的時候進場逢低承接，等待高價售出。

資料來源：富蘭克林證券投顧提供

3. 培養ＡＱ

投資的最後一項技能是「ＡＱ」（Adversity Quotient），也就是應付逆境的能力，過去三年半股市萎靡不振，提供絕佳的低點承接契機，但面對景氣循環中的逆境，絕少人有勇氣進場，如今只能望漲興嘆，此時如果能夠培養自己的專業知識與投資哲學，提高投資ＡＱ——分散投資，長期佈局，就能成為投資贏家。

女人私房話

理財３Ｑ就是ＩＱ、ＥＱ、ＡＱ。

妳投資的第一步——保單

身為女人，妳要的最佳保障不是男人，而是一張經過專屬設計的女性保單！

隨著保險市場的多元化發展，以女性專屬的保單逐漸成為市場上的主流。所謂女性保單就是結合壽險及女性好發性較高疾病的醫療險為主所設計出的女性專屬保險。

女性保單本質上就是基本的人壽保險結合醫療險，同時將原本以附加方式的儲蓄和重大疾病險等均納入成為主約的保險，目前在保險市場中有以多元化組合的新型保險商品；目前國內已有七、八家壽險公司推出此類女性專屬保單。

基本上，我很推崇壽險公司對於女人的關心，不過對於女性保單，女人也不能照單全收，如果妳是不婚族，或是結了婚，但是不想生育，基本上就不需要選擇女性保單，因為女性保單，有很多的附加條件是生育給付，對於已婚生過小孩的女性，也不太需要女性保單，否則就要選擇降低生育給付的保單，以免多浪費保費，那麼，誰適合女性保單呢？

保守型的、想結婚的、想生小孩的，這些女性都可以選擇壽險公司特別為女性設計的女性保單，因為這樣的All-in-one的保單設計，真的很貼心，我還記得，我的保險經紀人敏莉特別提醒我，剛出生的小Baby只要十五天健康出院之後，就可以保險，但是如果發現有先天性的疾病，只能透過媽媽在生小孩之前投保的女性保單來保障，這也是唯一一張對於出生嬰兒先天疾病有保障的保單，所以，對於適婚年齡的媽媽，我覺得很適合買這樣的保單。

如果妳是不婚族，抱定單身主義，或是有人不想生小孩，或是已經生過小孩，那麼保單精神，就不需要分男女，女性保單有的，一般保單精神也都具備，不必要為了遷就女性保單而多花保費，如果是一般的保單，那妳需要的是醫療險，當然女性保單強調的乳癌或是其他的女性癌症也都包括在內。

至於現有的女性保單，其保障範圍除傳統上女性常見的婦女好發性疾病外，同時也加入了一些重大疾病，包括心肌梗塞，腦中風、尿毒症、冠狀動脈繞道手術等多項重大疾病的保障；除此之外，也有部份公司所推出的保單中，亦涵蓋乳癌、好發紅斑性狼瘡和可能因罹患乳癌所需的乳房重整亦納入保險範圍。

只是在產品規格方面，各壽險公司大多有金額上的限制，主險最低有時幾十萬即可，最多可由新台幣一百萬元到五百萬元不等，保險有效期間，被保人發生身故或全殘時，依保額給付保險金外，另在繳費期滿時，保險有效期間仍生存者，也可領取約保額兩成至三成期滿金的優惠，以吸引女性保戶。有些保單並將生育給付納入保障，甚至結合剛出生嬰幼兒的先天性重大疾病而成為新的親子保險。

在各項女性專屬保單中，也有結合儲蓄的功能，在投保這種保單時，女性保戶應先評估是否有此需求，因為在各類壽險保單中，舉凡附加儲蓄功能者，保費勢必大幅增加，但保障卻又不如預期，保額也不見得充足，因此精打細算者，應先衡量本身是否真正有需求、保障夠不夠，不必迷信經紀人的推銷。

在保險種類的搭配上，可依個人的人生目標之不同而訂定各種規劃，比較常見的單身貴族或是粉領族，終身壽險在兩百萬元到一千萬元不等，而終身重大疾病險最少都在五十萬元以上，意外身故及殘障保險則為人壽保險金的兩倍左右，意外住院日額應在每天一千元以上，再配合其他的醫療和防癌等附加險。

女人私房話

女人專屬的保單是不錯的選擇。

單身貴族的投資計劃

選擇不婚或是目前單身的女性，在各種相關的理財或是保險規劃上，必須要有「反向思考」的能力。

國內單身女性越來越多，十五歲以上單身女性人口，十年來增加了一百萬人，增幅將近四成。若不分年齡，每十位台灣女性中就有五．五位處於單身狀態。由於女性受高等教育比重超越男性，所得也逐漸提高，單身女性越來越懂得照顧自己，消費能力也十分驚人。

內政部統計，民國八十年至九十一年間，十五歲以上女性人數增加一百四十多萬人，其中已婚有配偶的女性只增加九％，其他包含未婚、離婚或喪偶的單身女性人數增加三十六％，相較於同期單身男性增幅十九％，反映女性單身人口明顯增加，人口結構起了巨幅轉變。

在經濟能力上，國內女性收入有明顯提升的趨勢。主計處統計，民國九十一年女性平均年所得為三十八萬七千元，雖然只有男性的七成，但比民國八十年成長了一・六倍，當時女性收入只及男性的六成。

近十年來國內離婚率明顯攀高，結婚率則略微下滑。晚婚、離婚率高與壽命長，都使單身女性人數大幅增加。主計處也指出，受托育服務不足與就業政策影響，我國女性勞動參與率向來偏低，明顯低於美歐各國。統計顯示，已婚有配偶的女性，如果膝下無子女，勞動參與率高達六十四％，但有了子女後就降至四十四％。這顯示家庭與子女的確會影響女性的職場生涯，難怪許多女性寧願維持單身。

由這些數字統計來說，不婚族的原因很多，單身、離婚都是原因，而對於許多選擇不婚或是被迫不婚的女性朋友來說，很多人都會問一句話：「那妳老的時候怎麼辦？」儘管人生舞台中，許多人都是「不請自來」的觀眾，原本也不需要在意別人說了什麼話，不過我倒是建議不婚族的確要先考慮「老的時候」的規劃。

內政部統計資料顯示，國內單身女性有越來越多的趨勢，十年來增幅近四成，單身男性增幅則不到兩成，其中，二十至四十四歲的女性，每百人中有四十二人處於單身；再就二〇〇二年國人無意結婚的比例來看，過了三十歲的女性，不婚的比例從三十六%起跳，隨著年歲越大不婚的比例也迅速增加，很多人還是因為「年紀關係」，自己被迫選擇不婚，因此到了四十歲大關時候，已經有六十二%抱持獨身主義。

這群女性在經濟上獨立自主，沒有養小孩的負擔，每每就能輕鬆的購買喜歡的商品或是出國旅行來隨興犒賞自己，不婚族也是各種消費產品眼中的經濟強權，但是，這群不婚女性若不仔細規劃並妥善投資理財，則未來在缺乏配偶照應及子女奉養，甚至政府及企業退休金制度困難的情況下，很容易會成為未來的經濟弱勢團體，因此，不婚女性目標族群，應該先有退休理財規劃，讓她們在未來退休時，能獨立維持高優質的生活品質。

一般來說，女性傾向以簡單的方式累積財富，而單身女性更在投資理財方面過度保守，雖然低報酬率的投資工具較無損失的風險，但資產累積速度慢，且易被通貨膨脹所侵蝕，不婚女性族群，若想在退休時擁有一筆理想中的退休金，除了提早在年輕時為這筆錢預做準備，並視自己的風險承受度，尋求兼顧投資報酬率與風險的理財工具。

例如每個月挪出一萬五千元的金額固定投資，連續投資三十年，在投資報酬率平均四％的狀況下，可以累積約九百二十一萬元，若能將資金投入到平均投資報酬率在九％的投資工具，則連續投資二十年，將可以累積到千萬元的退休金，等於可以提早十年退休，這樣的報酬率不算高，算是穩健的建議，但是前提就是規劃的時間要提早。

基本上，透過長期投資達到上述九％的平均年投資報酬率並不難，目前市面上的投資型保單就可以做為投資工具。投資型保單不僅可提供萬一身故時的保障，更具備隨時變現、帳戶持續累積增值及節稅的優點。只要年輕時做一點理財的規劃與堅持，少吃一頓大餐，少買一個包包，領到薪水時先把錢省下來投資，而不是有餘錢才做投資。如此一來，即使單身女性靠自己，也可以簡單擁有一個快樂的退休生活。

目前市場上針對女性設計的商品很多，例如汽車商就會推出專為女性設計的車款、銀行業也有推出女性專屬貸款計劃，壽險業也鎖定現代不婚女性的退休理財規劃市場，希望幫助單身又擁有經濟大權的女性客戶，能預先為退休生活做規劃，擁有優質退休品質，這些都值得不婚族作更進一步的瞭解。

女人私房話

每個月挪出一萬五千元的金額固定投資，連續投資三十年，在投資報酬率平均四%的狀況下，可以累積約九百二十一萬元。

單身粉領的保險規劃

隨著社會多元化發展，許多現代女性選擇各種不同的生活方式，傳統上結婚、生子觀念已經大幅扭轉，對於不婚女性，在保險需求上，除了必須考量到理財觀念的訴求外，同時也要兼顧到醫療及意外險的保障。

單身粉領族最大特色在於常沈浸於職場，雖有固定收入且在財務規劃上也都有獨特見解或是處理方式，但經常忽略了應有的保障，在此情況下，風險規劃更形重要。通常，對於不婚的女性而言，首重醫療險及意外險；由於單身女性缺乏來自另一半的照料或協助，所以在財務以外的事務更需審慎，尋求更妥善的保障，除了基本的終身壽險與意外險，醫療保障更是不可或缺的。

單身女性的醫療險不僅可以提高就醫時的醫療品質，也可以減輕因疾病住院時所出現的龐大醫療費用；如加保防癌保險，被保險人罹患癌症後便可獲得治療期間多項醫療費用的保障，而且有許多癌症保險多是有限的繳費期限但卻可以得到終身保障的保單，類似的癌症保險或是醫療保險通常可以彌補全民健康保險不足之處，全民健保並非所有的疾病和醫療可以涵蓋，使附加的醫療險也不至於有所衝突。

除了壽險或醫療險之外，經常被粉領族所忽略的是職業工作的保障，因此有壽險公司推出職業失能險保單，以確保單身女性在頓時失業所衍生的風險，不過職業失能保單係屬於特殊型商品，在產品設計上較一般保單來得複雜，所以審閱保單前需詳加閱讀或請業務員解釋，以免影響索賠的權利，但是我認為意外險可以補足失能險的風險。

一般意外險分為六級，第六級較輕微，第五級開始因為涵蓋大拇指的傷害，所以理賠提高至領取保險金的十五％，這種情況之下，如果拿一年的生活費（或是一年收入）除以十五％，反推回來，妳就知道應該投保多少保障的意外險。

至於單身女性的保險額應該如何界定，其實單身女性的保險是著重在一個人的生活無後顧之憂，而且不應讓保費成為生活上的一大負擔，所以投保金額應依個人的經濟和收入狀況而定，如果保費負擔過重，勢必影響生活品質，中途退保，又會違背當初加保的本意，因此單身女性在投保前應多花些時間與業務員溝通再決定投保內容。

當然，單身貴族不太需要考慮到後事，基本上，單身一個人的生老病死都不要成為父母的負擔，這就是保險的基本精神，不過也有一些父母的退休養老計劃需要靠子女的幫忙，這種情形，使得單身子女也需要加入壽險的保障。

女人私房話

1. 對於不婚的女性而言，首重在醫療險及意外險。
2. 拿一年的生活費（或是一年收入）除以十五%，反推回來，妳就知道應該投保多少保障的意外險。

單身貴族理財的迷思

很多人以為未婚女性是不需要理財的，理由很簡單，因為「一個人飽就全家飽！」所有的支出只有自己在享受，最大的人生目標就是出國旅行加上血拚！雖然聽起來如此美妙，但是我身邊還是有很多年年吵著要去義大利、法國、西班牙的單身貴族，手上的錢只能去新加坡、泰國、印尼！原因就是沒有理財！

單身貴族就是未婚女性，在生活條件上好處多多，因為經濟負擔少，通常財務的自由度也高，不過單身女性總不能一輩子都在吃喝玩樂中打轉，人生的短中長期目標，一樣不能少。

基本上，未婚女性的短期目標大概都是出國旅遊加上瘋狂血拚，這點無可厚非，不過很多已婚女性也都有每年出國的計劃，中期目標大概也是買屋，長期目標則是退休養老計劃，我要說的是：除了選擇「一個人生活」跟「一個家庭生活」的方式不一樣之外，女性短中長期的理財目標其實是一致的，不婚女性最大的迷思，是以為自己一個人過，就不需要有任何短中長期的理財。

短期目標通常都是最容易達成的，因為短期目標是靠儲蓄就能達成，如果每年出國一次，因為出國的旅遊成本都很固定，血拚也是看個人的興趣與預算，其實很容易計算出費用，但是如果未婚女性每個月都是抱著「一個人飽就全家飽」的想法，根本沒有餘錢，別說義大利、法國，連港泰都只能是泰山到南港一日遊。

因此在短期目標上，不婚女性也要有儲蓄的概念，如果已經存下短期目標想花的錢，也可以不放在銀行，因為太少的金額，根本沒有利息，先放在債券型基金，等到出國時隨時贖回，至少不會像銀行的定存要解約還有利息損失。

中期目標大概都是購屋，不管已婚或是未婚，大概有很多人都會希望自己有一個安定的「窩」，以我妹妹的例子來說，她是個不婚族，我母親希望她住在家裡一起作伴，而弟弟娶了太太也沒有影響跟大家的感情，弟妹與我們相處有如姊妹一樣，不過她還是決定要有一個自己的窩，我覺得很好，現在很多人選擇不婚，但是住在家裡久了，總是會發生一些問題，如果能夠充分的透過理財規劃，幫自己買一間小窩，是很值得努力的目標。現在房貸利率很低，幾乎是二十年來的好時機，不管是買中古屋或是新成屋都有很多標的可以選擇，只要利息少於租金的支出，控制在自己薪水的三分之一，不婚族都可以圓一個溫暖小窩的夢，如果能夠在投資工具上運用得當，買屋應該不是難事，我妹妹就用了跟會加上股票投資的方式來圓夢，身為不婚族，妳也要有自己買屋的計劃喔！

長期目標當然就是退休養老，給自己一個衣實無缺的晚年，不婚族早早就要有保險的規劃，在定期壽險上不必負擔太高的金額，但是在重大疾病、住院醫療、職業失能、意外險等都需要加重，確保老病乃至死的生活照顧以及尊嚴。

除了保險之外，不婚族的退休計劃更應該提早規劃，因為確定老年之後，沒有人可以依靠，也不會有人養，更需要提早規劃，讓複利發揮效果，尤其從年輕時就要開始，先累積一些退休本，年紀大了就靠一些固定收益的投資工具。

最近，我常參加一些有關退休規劃的座談會，我最常對與會的學者專家做一些普查，大家都認為一個人的退休金大約是兩千萬，才能維持一個有尊嚴以及有品質的老年生活，我說的有尊嚴，其實是生病的照顧，由於醫療的給付不足，我常常看到醫院的老人們不能穿褲子，因為他們常會大小便失禁，醫院沒有足夠的人手幫他們換；在養老院，我也看到大家都是用報紙剪一個洞就往脖子上套，當成餐巾，然後開始大口的餵飯，飯一半進了嘴巴，一半還掉在外面，這些情景都是我說的沒有尊嚴的老年，如果妳也贊同存兩千萬有尊嚴有品質的退休，妳是不是也該開始規劃妳的晚年生活了呢？

女人私房話

1. 不婚女性最大的迷思，以為自己一個人過，就不需要有任何短中長期的理財。
2. 單身貴族中期目標是買屋，長期目標則是退休養老計劃。
3. 現在房貸利率很低，是二十年來買屋的好時機。

已婚婦女的保險

有別於單身粉領或是失婚女性，已婚婦女的保險規劃應同時兼具家庭財務、子女生活與教育和健康醫療等保障，這三項是最重要的考量。

對於已婚婦女而言，保險最大的意義並非在替本身尋求保障，而是要以丈夫為被保險人，讓自己為受益人的方式來保險。一般來說，女性的平均壽命較男性為長，且女性的保費也比男性保費來得低，而且男性通常是家庭經濟來源的重心，以丈夫為投保人對妻子或子女也較有保障，若家庭經濟能力許可，再考慮以妻子或子女為投保對象。

根據以往的經驗，一般夫妻在成家後，首當其衝的是有房貸的壓力，伴隨而來的便是子女的教育問題，對三十歲左右或三十歲以下的年輕夫妻來說，萬一有任何一方因故受傷或死亡，經濟狀況隨之會受到影響，或是無法正常支付房屋貸款，所以在保險規劃上要有整體性的考量，比如多加保個豁免險——即無法負擔保費時保單仍然生效並繼續加保的保障，並且弄清楚投保額度與繳款金額的關聯性、投保期限與繳款時間的差異。比如，三百萬元的房屋貸款，二十年間清償的房貸，最好是搭配投保三百萬元的主險和二十年期的定期保險，較能達到保障的功效。

除了房子的考量外，另一項家庭中的重要議題便是子女的教育問題，隨著時代的演進，小孩子的教育也成了家庭重要的負擔，除了基本的生活開銷，各種教育費用或是學費亦是所費不貲，對於已婚婦女更是當務之急。不過父母在子女的保險規劃上，經常是以小孩子為被保險人，由父母替子女買保險，但實質上應是父母親本身自己投保，而以子女為受益人才是真正的保險規劃。如果以子女為被保險人，真正發生意外，固然會造成父母親的哀痛，但在金錢的實質面上並無多大的助益，若欲保障子女將來的生活，保險主體還是應以父母親為優先考量。

對於雙薪家庭而言，有很多夫妻都會因為保險的問題而吵架，我看過一種很公平的保費分攤方式，就是把家裡的房貸加上小孩的教育費用，作為保障額度，保費方面，依照兩人賺錢的比例，夫妻以三比二的方式分擔保費，以期達到公平共擔的方式。

除了尋求基本保障之外，另一類保險即是兼具理財目的，也就是一般常見的儲蓄險。一般市場上所見到的儲蓄險在設計上雖可兼具保險與儲蓄雙重功效，尤其是為了彰顯儲蓄的功能，往往保險僅成為「附加」，若欲再加上醫療的保障，需負擔的保費則相當驚人，再加上近年來，整體金融環境多維持在低利率的情況下，保費顯得特別昂貴，又不太符合保險的功效。

家庭主婦經常將儲蓄型保險做為理財的工具之一，其實這是比較保守的觀念，因為各種保險商品中，保戶所繳交的保費，必先被保險公司扣除大約百分之二十以上的行政事務費用和支付保險業務人員的佣金收入，所以在國外保險市場中，鮮少見到所謂的儲蓄險，畢竟保險的本質是在於「保障」而非儲蓄或是理財之用，尤其現在的保單預定利率高，保費高昂，如果想要買一張具有儲蓄功能的保險，選擇投資型保單或是利率變動型保單，是比較聰明的做法。

過去家庭主婦在規劃子女保險時，為了長遠性的考量和評估，經常為小孩儲備教育費用，也藉由醫療保險來彌補全民健保上的不足，就長遠規劃看來，嬰幼兒階段就開始做保險規劃，日後可省下大筆的保費支出，年齡小，所需繳交的保費越少，所以在人壽保險上，有些媽媽便選擇「增額型」的保險產品，這些增額型保單在設計過程中多具有抗通貨膨脹的功能，不過現在的保單太貴了，如果妳的保險經紀人要跟妳推廣這樣的保單，妳最好要仔細評估看看保費是不是繳的出來，一般來說，妳給孩子足夠的醫療險就是給他一輩子最好的禮物，至於媽媽的保費還是要高些，畢竟妳的醫療保障是用來保護自己的，妳的壽險將來也是會留給孩子的。

基本上，孩子到了十四歲是一個保險的關鍵期，一來十四歲的青少年開始做保險規劃，會有明確的人生目標，如出國留學、結婚基金、購屋築巢，乃至於創業基金，皆可在此階段開始，十四歲的孩子自己可以當要保人，也同時可以當受益人，十四歲之前，都是爸爸或是媽媽當受益人，於是當孩子可以同時成為要保人跟受益人時，就是規劃贈予稅的關鍵時期，也是合法的免稅時期。

此外，稅法中規定，每人每年有兩萬四千元的扣除額，因此每位子女的保費預算，每年可設定在兩萬四千元以上，等到子女長大，有正當工作收入後，便可轉由子女自己繳交保費，同時依目標之不同調整保單。

女人私房話

1. 家庭的保險規劃可以以丈夫為被保險人，讓自己成為受益人。
2. 把家裡的房貸加上小孩的教育費用，作為保障額度，是基本的作法。
3. 選擇投資型保單或是利率變動型保單，是比較聰明的作法。
4. 足夠的醫療險是給孩子最好的禮物。

單親媽媽的保險規劃

單親媽媽，除了母代父職，一肩擔負起家庭營運的重心外，媽媽甚至是家中唯一的經濟來源，孩子更是讓媽媽奮鬥的動力，絕不能倒下來，因此，讓自己的醫療有保障，同時讓子女求學安定、生活平順是主要目的，單親媽媽更應做好保險規劃。

在人生的風險上，癌症的花費最多，也最需要人的照顧，因此對於收入較少的媽媽，我覺得一定要先確定自己跟孩子的癌症險加上醫療住院險，這樣就足夠了。

當然，如果經濟還許可的單親媽媽，可以運用終身壽險和定期壽險的搭配方式來規劃，最大的好處是可以節省不必要的保費支出，另在經濟環境許可之下也可規劃子女的防癌與醫療險，尤其終身型的醫療產品也可以防止子女出現傷病時住院或醫療費用的額外支出。

若是較著重理財型的單親媽媽則可依照家中財務和經濟狀況做更完善的規劃，

如投保偏重儲蓄或報酬率較高的產品，每隔一年或兩年可固定領回，或是買保費期滿時可領回滿期金的理財型保單，以達成子女教育或日後購屋的計劃，不過此項商品，在低利率時，所支付的保費亦相對較高。

理財型的單親媽媽，在財務狀況許可下，可搭配子女一起規劃，首先是設定繳費年限和投保金額，再選擇報酬率較高的產品。在保費支出上，有一項較簡單的計算參考，如著重保障型者，保費可拿捏在個人年收入的百分之十以內；著重理財型者，則可提高至個人年收入的百分之二十至三十左右為衡量標準。

單親媽媽要養小孩並不容易，根據報導和很多理財人員的估算，養個小孩要花五百萬元跑不掉，但是依目前的利率水準，保費實在太高，此時，就可以以終生壽險搭配定期壽險，並且以小孩多久會唸到大學畢業來作為計算基礎，例如有一個十歲的孩子，只要買終生壽險二十萬元，加上十年定期壽險，這樣也就能撐到孩子大學畢業自立了。

單親媽媽可依照個人情況來評估保險金額，比如終身壽險以一百萬元為基數，不足的部份則可搭配定期壽險，以免支付巨額的保費，而終身重大疾病險最少在五十萬元以上，意外身故及殘廢險應是人壽保險金額的兩倍以上，意外傷害醫療可訂為五萬，意外住院日付額每日至少一千元，終身住院醫療費用每天最少在三千元以上，此項可以以日付額型搭配實支實付型醫療保險，最後再附加終身定額手術、防癌險及適度的職業失能險較合實際。

女人私房話

1. 單親媽媽一定要先確定自己跟孩子的癌症險加上醫療住院險。
2. 孩子的保險，可以以終生壽險搭配定期壽險來規劃。

家庭理財規劃

一加一不等於二，這是很多理財專家的定論，在家庭理財中，如果夫妻沒有做好理財的規劃，會讓一加一變成負數，但是規劃得當，就能發揮一加一大於二的乘數效應。

夫妻理財變成一加一低於一的原因有三：一是很多人都會以為以前是一個人賺錢，現在是兩個人賺，無形中就會以為賺的比以前多，然後就會花的也多。二是現代社會借錢太容易，不管現金卡或是信用卡都可以隨時借到錢，信用無形膨脹就是夫妻理財的潛在風險。三是投資工具太多，當新成家的夫妻還沒有取得共識之前，投資腳步凌亂，也沒有取得風險控管的共識，常常會是白忙一場，甚至投資賠錢收場。

想要有效的規劃家庭理財，夫妻一定要有一些共識，才能發揮一加一大於二的功效。

1. 不能有賺的多、花的多觀念

成立小家庭之後，家庭的總收入的確是增加了，但是總支出也會增加，夫妻雙方不能只想到收入增加，就大肆的消費，抱持著賺的多、花的多的心態，這對於家庭經濟而言只有負面影響，這個時候，如果能夠力行「收入變兩份但是支出維持一份」，就能夠存下不少的錢。舉例來說，成家之後，兩人開伙一定比兩個便當便宜，當然，很多夫妻都是買一個便當的菜，二碗飯，就是力行收入增加而支出減少的最佳範例。

2. 不要急著買車

不要用第一筆錢來買車，尤其是買新車，存下第一筆錢的時候，最好先留起來當成孩子的教育費用，因為生孩子總是無法計劃，何時孩子要來報到，也抓不準，所以先把錢準備好比較妥當。我不建議買新車主要原因是車價太高，一落地就折價，同時每年的牌照稅、燃料稅、維修費都要花很多錢，不如買一台中古車實際些。

3. 不要急著買屋

儘管現在的房貸利率是二十年來超低水準，同時新成屋也一直陸續推出，好像現在不買，以後就沒機會買的樣子，其實，我的建議是擁有五成左右的自備款再來買房子比較恰當，因為現代夫妻成家的時間晚，首先要面對的是孩子養育的問題，因為孩子教養、醫療都是很大的花費。以前的人也許養越多小孩才花越多錢，現在是小孩養的少，花費卻提高了，因此先計劃孩子的費用，然後存到一個階段再來買屋，是以免所有的壓力都集中在一起的方法。

4. 退休金規劃

退休金規劃要比一般人增加兩倍，由於成家後是夫妻兩人，因此需要兩倍的金額，越早提撥退休金將是生活無虞的保證，當然如果有較多的資產，還得做節稅動作，以壽險來節稅是很可行的計劃。

5. 誰來管錢？

夫妻理財還有一個很大的問題就是誰來管錢？其實只要夫妻有共識，誰管都一樣，現在有很多夫妻都有共同帳戶，把每月的收入依比例（誰賺的多就提撥多一點的比例，例如夫妻之間，分別提撥三七或是六四比例）到一個固定帳戶，所有的共同開銷則是由此戶頭支出，然後夫妻雙方都有實際的經濟大權，能夠各自依照自己的投資屬性進行理財計劃，這樣的方式我覺得很好，不過，有人認為這樣會分散力量，但我認為，這樣也是分散風險的一種方式，值得一些夫妻參考。

當然如果夫妻在理財上具有共識，更能將家中的閒置資金做較大的規劃，也更容易達到致富目標，當然這也高度檢驗夫妻之間的理財ＥＱ，凡事不為錢傷感情，這才是夫妻理財的第一原則。

女人私房話

家庭理財重點：

1. 收入變兩份但是支出維持一份。
2. 不急著購屋和購車。
3. 退休規劃提早做。
4. 設立夫妻共同帳戶。
5. 不要為錢傷感情。

女人要存私房錢

女人不會存私房錢，就像小女孩不會穿高跟鞋一樣，不能成為真正的女人！很多年輕的粉領族都會跟我說：「我的薪水一點點，付房租、吃飯、油錢就已經花光光，根本存不到錢。」還有人說：「我已經吃一九九、穿一九九，也存不到錢，到底要如何存錢？」家庭主婦還會說：「經濟不景氣，大家要吃得飽、還要穿得暖，不貼本就好了，根本存不到私房錢。」對於這些話，我的答案都適用，如果沒有改變妳的消費習慣，妳永遠存不下錢來！但是如果妳願意改變，一定可以替自己存下私房錢。

我在銀行上班的朋友告訴我，女性一直都是信用卡主要爭取的對象，因為女性的消費金額既穩定又很多，一張以女性為主的卡，平均刷卡金額還比一般卡多出一•二倍，甚至更多，這是女性天生喜歡消費的本性，女人要先戒掉這個壞習慣！

老一輩的媽媽們，生活在物資較艱困的年代中，常常都是把先生給的生活費緊緊捏住，不敢浪費，所有的花費只有家庭開銷，沒有個人享受，我還記得我的媽媽，總是能夠在有限的薪水中，存一點錢下來，因為「誰也不知道哪天會發生什麼事？」在這樣戒慎恐懼的年代裡，爸爸媽媽的房子就是這麼的省出來，絕對不是投資來的。

相反地，現代的新女性則是考慮自己的身材、健康、美貌，追求流行、休閒度假……等，每一樣都需要花錢，以收入跟支出的觀點來看，兩者是無法相減，因為都會是負數！有的還因此讓信用卡過度消費，導致負債的情形，所以想要存下私房錢，第一要務就是降低自己的物慾，規劃在不同的時間內，完成不同的需求，簡單來說，妳不能每一樣都要，一次只能挑一樣買！

例如，喜歡出國的人，只能花出國旅遊的費用，平常的衣服少買一些，想上健身房，就改到學校操場跑步，一樣能健身又不花錢！

接下來，女人必須切實執行儲蓄的任務，一般人都是把收入減去支出等於儲蓄，對於想存私房錢的人，就必須學習把收入減去儲蓄等於支出，先把私房錢存下來，其餘的錢再來做分配，當可支出的錢變少時，妳會發現，妳的慾望也會同步降低！

在慾望降低的時候，我建議大家的品味還是要趕快的提升，因為妳將無法全身都是GUCCI、CD、PRADA，但是靠著自己的品味，把不是名牌的衣服也穿出高品味，才會得到激賞，就像一個全身都是名牌的人，可能一出場就要三、五十萬的身價，別人也只能以「嗯！」來呼應，但是能把三千元的衣服穿成像三萬元的衣服，就會出現「哇！」的讚嘆，當然是後者的稱讚最實際又最窩心！不要因為沒有錢買衣服，就把自己搞得灰頭土臉，這不是現代女性的訴求。

最後，我希望大家關心自己的錢，跟關心自己的美貌一樣，如果不是很重視自己的美貌，那就把錢跟自己心愛的丈夫或是孩子相比，不要想去依賴別人，只要妳把錢當錢，認真的去經營，就能存下來，因為有了第一步，就表示妳每個月都能存錢下來，這種態度的轉變就是妳致富的關鍵，當然如果能夠在累積一段時間之後，繼續錢滾錢，那妳將會列入小富婆的候選名單之內！

女人私房話

1. 女人理財要先降低自己「買東西」的慾望。
2. 把三千元衣服穿得像三萬元，才是聰明又有品味的女人。

婚前協議

現代男女不講海誓山盟，喜歡談婚前協議，雖然有律師認為法律效用有限，但都承認一個事實，那就是群鳥天上飛，手中抓到一隻，總是踏實些！

其實有關於婚前協議，在法律上的效力可能是有爭議的，而且有可能是無效的，很多律師認為，在婚姻純潔的本質之下，先談婚前協議是違反善良風俗，因此法律上不成立，不過也有很多人堅持，先小人後君子，先談好條件以後也是協議離婚之後的重要保障。

先不談婚前協議，但就新修訂的民法親屬篇規定，在財產登記上，女性必須先考慮自身的財產狀況，如果男生經濟優於女方，特別是女方又是家庭主婦，則採取聯合財產制比較有利於女方。如果女方的財產多於男方，則建議在婚後就去法院辦理登記，一旦登記過後，個人名下的財產，對方都無法要求來分，當然，如果男方要求妳去登記，妳的財產又少，妳也有權利拒絕登記。

婚前協議不單是財產的問題，還有很多居住上的問題、有人結婚後還是要住在娘家或有從母姓的問題，甚至還有父母贍養的問題，一切因人而異，以下，是我觀察目前社會上常見的案例所得出的結論，或許可以提供一些參考方法。

1. 誰是財政部長？

過去都是太太主管財務，現在男生也經常要奪回掌管家庭經濟的大權，萬一不能夠透過溝通的方式取得共識，最好先列入婚前協議當中，有些是男方做主，有的當下便確定財政部長是太太，當然也有人採取輪流制或是業績制，誰做的好，誰就當家作主，這也是好方法。

2. 家務分工的協議

由於新好男人的存貨不多，而且現代女人要求男人比男人要求女人多，所以，也有人明定家庭必須分工，包括誰主內、誰主外？孩子輪流帶，煮飯、掃地、倒垃圾等也都有明文的分派跟規定。

3. 孩子是否從母姓

過去多半是嘴上協議，家中都是女兒的家庭，常會要求第一胎的孩子從母姓，有時候，卻會因為第一胎生了兒子，男方又認為這是家中的長子，不能從母姓，於是爭議就出來了，如果透過婚前協議，也能夠先有較好的共識。

4. 離婚後的財產分配

這是最常見的婚前協議內容，有關於離婚之後，孩子如何分別照顧？孩子教養費、贍養費如何給付？還有人以懲罰性條款來協議——只要一方出軌，所有財產就會歸於另一方。如果大家看過很多怨偶的離婚記，就會舉雙手贊成婚前先有協議，這樣不會到分手的時候還要勞民傷財，弄得彼此人仰馬翻，最後不歡而散，不如靠婚前協議，大家好聚好散。

5. 家庭經濟支出

現在雙薪家庭很多，大家都有收入，於是長期以來靠老公養的慣例也會被摧毀，於是乾脆立下婚前協議，明訂誰要支付家庭開銷，或是大家訂出一個比例或是固定的金額，然後匯集到共同帳戶，統一管理。

6. 父母的贍養問題

現在小家庭成立之後，常常會因為奉養雙親出現口角，於是也有人乾脆明訂規矩，看是由統一帳戶支出，還是個人父母各自出錢奉養。

當然所有的婚前協議都是自己制定的，因為大家的條件都不同，在國外，就很流行婚前協議，但是多是藝人，他們的婚前協議千奇百怪，例如貝克漢跟老婆還有每週做愛次數的保證協議，其餘大都是出軌或是婚姻保證多少年的協議，我覺得他們的錢多，安全感就會下降，多少也顯示愛情不再無價、婚姻不再神聖的現實。

在社會學上，有所謂交換理論，大家都在交換一種對雙方最大的利益，婚姻也是，雙方彼此小心翼翼的挑選另外一半，都希望找到最好的搭檔，當然，如果不幸失誤，也要用最少的損失來換取最大的利益，我想這也是婚前協議的理論根據。

只是，國內的民族性還算純潔保守，老一輩的人也會認為，婚都還沒結就先談好離婚條件，總是晦氣，所以並沒有很多人真的會去公證協議，其實，就我的觀察，婚前協議的第一原則就是——趁彼此都有感情的時候，去談條件，哪怕是剩下一絲絲的情感也好談，別等氣氛僵了，大家跟仇人一樣才談，這時候就太遲了。

如果佳偶雙方沒辦法談婚前協議時，最好是由長輩出面洽談，或者是雙方各派出代表的人來談，總而言之，婚前協議怎麼都要談好。在羅馬有一句有名的俗諺：「協議就是法律」，因為約定了就如同法律一樣的有效，這才是婚前協議的基本精神，如果對方口頭上說愛妳，卻不接受協議的條件（只要大家都在合理條件下提出），要是彼此協議了，但都不遵守，還要訴諸法律解決，那麼，早點認清這種人或這樣的家庭，其實也算是一種福氣。

女人私房話

1. 採取輪流制或是業績制，是夫妻共治家庭財務的好方法。
2. 懲罰性條款來做婚前協議：只要一方出軌，所有財產就會歸於另一方。
3. 婚前協議的第一原則就是：趁彼此都有感情的時候，去談條件。

婚前協議的重點：

1. 在家庭中，誰來管錢？
2. 家務要如何分工？
3. 孩子的姓氏？
4. 要是離婚了，財產和孩子怎麼辦？
5. 設立共同帳戶？
6. 雙方父母如何供養？

PART 3 聰明消費有絕招

* 敗家是一時的，一旦及時回頭，還有得救，但是拜金則是對物欲無可救藥的追求。
* 循環利息是很可怕的負債，別讓借錢變成一種習慣。
* 通貨膨脹率設定為五％，以現在銀行定存利率不到二％的情況之下，用更高的報酬率來投資，是對抗通貨膨脹最管用的策略。
* 把七十二除以妳要的報酬率，就是妳本金滾一倍的時間。
* 置裝費是上班女性很大的花費，買的省又有質感，或選擇穿制服的公司，都可以省下不少錢。
* 「看起來老」是女人最大的致命傷。
* 在衣服跟打扮方面，我也一直認為，所謂的價值就是「物超所值」。
* 如果是商旅人士，當然要選一張好用的白金商務卡。
* 安信VOGUE卡，不但有一％的現金回饋，更有多家折扣優惠商店。
* 借錢第一步就是先學習向自己人借。
* 借錢之前，必須讓自己誠實面對三個問題：「要借多少錢」、「要用多久」、「要怎麼還錢」。

聰明消費新思維

聰明女人都會瞭解：「錢要花在刀口上。」最傻的女人是漫無目的的花錢，因此想當聰明女人，一定要有新的消費思維，以下八大原則，一定要切實遵守：

1. 花錢要花妳存款簿裡的錢，而不是妳以為可以賺到的錢！

我有一個朋友，在今年股市大好時候，小試身手，結果一天就賺了兩萬元，開心得不得了，於是她就拿起計算機輕輕敲打，越打越興奮，還說只要每天賺兩萬元，一個月就可以賺六十萬元，一年竟然是可以賺七百三十萬元！哇！躺著就可以賺錢耶！任何人聽到此都聽得出來她的大破綻，一來股市沒法保證天天賺兩萬元，何況一個月最多也只有二十個交易日，顯然她已經被一天賺兩萬元給沖昏頭了！

光是沖昏頭不打緊，她立刻就訂了小套房準備置產，當然第二天並沒有賺到兩萬元，一個月下來還倒賠！

不管是花大錢、小錢，一定是花妳已經賺到的錢，不是花皮包裡的錢就是花存款簿裡的錢，總是沒賺到的都不算數，不要輕易把沒賺到的錢先花掉，那樣的做法其實就是負債的開始。

2. 學會理財，拜金有理

身為女人，很難拒絕拜金的誘惑，畢竟女人需要名牌加身，有如男人都希望黃袍加身一樣，不過，過度的崇尚名牌，總是會落得入不敷出的下場，想想一件名牌動輒上萬元，上班族一個月不吃不喝，只能供給一套衣服、兩個皮包，如果無法杜絕名牌魅力，那就先學會理財，有了額外的錢，當然可以替自己添購好看又耐用的行頭。

我很難定義「敗家」跟「拜金」的差異，不過根據我的姊妹的觀察，前者症狀較輕，敗家是一時的，一旦及時回頭，還有得救，但是拜金則是對物慾無可救藥的追求。前一陣子我在網路上看到一篇報導，還把它廣為宣傳，因為標題正是「當妳發現每年少兩瓶酒、十條煙、一個Gucci包包，可以讓自己提前五年退休！」現在不妨替自己做個診斷，是不是應該及時戒掉自己無可救藥的拜金主義。

之前我們也說，把小錢變大，現在說的是把奢侈的因子一起戒掉，因為唯有如此，才可以讓妳提早退休，要在物慾的生活中載沉載浮，還是要無憂無慮的過下半生，妳已經有答案了吧！

3. 只做有目的的消費，並利用打折來下手

如果能夠避開漫無目的的逛街、甚至是上購物網站逛逛、看看，妳就可以省下很多不必要的浪費！

其實無目的的逛街，很容易陷入衝動購物的陷阱，現代人即使不逛街，也喜歡蒐集型錄、郵購或是上網逛逛，不知不覺，錢就由指縫間溜走了，一個好友喜歡蒐集絲巾，後來迷上網路標購，用兩千元標下四條絲巾，結果運費也需要兩千元，因

為由美國漂洋過海郵寄來的盒子加上郵資都貴得嚇人，以後她再也不會輕易上網買東西了。

跟人家約會見面最好也不要選在百貨公司、賣場，以免有人遲到，另外一個人就會大失血！寧願約書店、咖啡廳都好！

4. 有多少，買多少，絕不動用循環利息

信用卡消費最怕就是先刷再說，結果往往令人無法控制，根據銀行粗估，全國約有八百六十萬信用卡持卡人，其中有兩百五十萬動用循環信用，平均每人背卡債大約十五萬。

十五萬？大約多少？等於銀行經理一個月的月薪，對一個月生活費只有五千元的學生族來說，省吃儉用的話，可以從大一活到大三。

如果妳每月只繳三％最低應繳金額，且每月最少要還一千元，那麼十五萬元的信用卡債，到底多久才能還完？答案是「六年九個月！」而且這還不包括循環利息

一滾再滾的「利息仔」，可怕吧！所以妳還要這樣下去嗎？

5. 已經動用循環利息就一定要繳，絕不「擺爛」

如果不幸，妳已經動用了循環利息，記住，千萬不可以再刷卡，因為新刷的金額都會算在妳的負債中，那麼，借錢就變成一種習慣，每次只還最低金額也是一種習慣，借錢還不了，人生如何會有花錢的樂趣呢？

這時候，很多人都會想，「擺爛」不理它算了！我奉勸不要，因為民間的討債公司會纏上妳，而且妳的信用也會一敗塗地，這是永難翻身的傷害。

6. 留下信用卡單據做消費分析

信用卡非用不可，也要把單據留下來，一方面保留刷卡紀錄，以免有刷卡糾紛，另一方面則是拿它用來記帳，簡單又清楚，儘管大家都在說要記帳，不過還是很多人跨不出這一步，如此，集中以信用卡消費，同時又藉由信用卡的單據來作記錄，還可以幫妳達到理財效果！

最重要的是，利用單據還可以控制自己的消費額度，一旦發現簽單已經超過薪水的警戒線，就要克制欲望，先開始把卡片先鎖在抽屜裡了！

7. 聰明消費，每季兩次

國內的百貨公司幾乎每一個月都在促銷，除了四季都有換季折扣之外，上半年的母親節、總統就職紀念，下半年的週年慶、年終慶等，有的百貨公司週年慶一慶就是三個月，期間還會靠不同的方式，例如累積點數、兌換贈品、滿千送百等各種誘人的方案來吸引妳上門。

想要杜絕誘惑並不容易，常常看到媽媽們為了換一個紀念品，又會多花好幾萬元，有「順便買一下特價品換禮物」的想法，結果買了也用不著，要想聰明消費，一定要切記：每年年中跟年終各買一次，其中年中的時候，購買春夏的商品，很多春裝都很適合國內的秋天穿著，值得先下手投資，至於冬季就是添購化妝品、保養品的時候，趁週年慶時候，一次購足！至於過於厚重保暖的衣服，台灣天氣並不特別需要，一年買一件也就夠了，皮衣跟風衣是我比較推薦的商品。

8. 出國消費要有所節制

對於許多愛買族來說，出國採購是一條新的出路，尤其是到歐洲，不但可以瀏覽世界級的風光，還可以買到大約是國內精品七折的價位，實在是「非買不可」，我有許多朋友因為「一輩子只會來一次」的情結，通常都是大失血式的採購，於是回來成為新貧戶，必須連續半年不吃不喝才能解決信用卡債務。

其實採購是旅遊中的一大樂事，以前我就很喜歡在經過一天的廝殺之後，晚上到同是敗家姊妹的房間，把各自的敗家產品擺的滿床都是，大家來評鑑，還互相交流！真是人生的一大樂事。

不過出國之前，最好在國內先進行訪價的動作，事先記錄自己要買的型號、尺寸以及價格，這樣就可以在國外節省時間，達到百分之百的效率，當然，因為是出國採購，最好也選擇國內沒有進口甚至亞洲沒有進口的式樣、顏色，這樣會讓妳更顯得驕傲喔！

女人私房話

1. 敗家是一時的，一旦及時回頭，還有的救，但是拜金則是對物欲無可救藥的追求。
2. 循環利息是很可怕的負債，別讓借錢變成一種習慣。

死錢跟活錢的差異

妳的錢是死的，還是活的？死的錢就是靜止不動的錢，放在床鋪底下或是放在保險箱裡，都是死錢，現在銀行利息低，有一天，妳也會發現，放在銀行也是死錢。

活錢就不一樣囉！活錢表示錢會滾錢，現在大家都在說消費用品漲價，不但油價上漲，市面上的衛生紙、沙拉油、醬油等一些民生用品都漲價了，如果妳的錢趕不上物價的上漲，妳的錢就是死錢，就像十年前一碗牛肉麵大概五、六十元，但是現在妳到桃源街就發現前面要加上一個一才吃得到。

物價上漲的原因在於通貨膨脹，如果妳的資產趕不上通貨膨脹的速度，那麼通貨膨脹就會把妳的存款侵蝕掉，假設妳有一百萬元，放在家裡的保險箱裡，預估每年的通貨膨脹率是五％，現在的一百萬元，到五年之後，大約是七十八萬元的價值，不騙妳，放上個二十年，價值不到三十萬元，就像十年前放在保險箱裡的五十元，無法吃到現在一百五十元的牛肉麵一樣。

舉個貼切的例子，如果妳想每年花五萬元出國旅行一次，通貨膨脹率算三%就好，其實妳每年要幫自己準備五・〇七萬元才夠，這就是通膨之後未來的所需幣值，有人想要三年後結婚，預算是三十萬元，三年後，加上三%的通膨，其實他需要的是三十二・七八萬元，妳只要翻開年金終值表，妳就會知道通貨膨脹跟獲利報酬率的重要性。

老一輩的人總是會以「錢越來越薄」來說明錢變小的原因，但是現代的人卻只在乎報酬率，一點也沒考慮到通貨膨脹的壓力，其實很多的理財規劃都把通貨膨脹率定為五%左右，當然也要看當時的經濟成長狀況，以現在銀行定存利率不到二%的情況之下，找尋更高的報酬率，把死錢變成活錢，就是對抗通貨膨脹最管用的策略。

其實，現在的女性都有較高的教育程度，在工作經驗以及經濟能力上也都獨立自主，不輸男人，不過因為過去接觸的理財投資商品都是屬於保守性的產品，因此財富累積的速度也就比男生慢很多。

如果財富累積相對保守，在扣掉通貨膨脹的因素之後，很難有錢可以留下錢來打扮自己、犒賞自己甚至替自己留老本，所以，女人要多方面瞭解投資管道，另一方面也要早早放棄死錢政策。

在投資方面，一直有一個七二投資法則，也就是將七十二除以妳要的報酬率，就是妳本金滾一倍的時間，假設妳有一百萬元，用投資報酬率二十％的工具，約三・六年，妳的一百萬元，就會變成兩百萬元，當然報酬率如果是十％就需要七・二年的時間，本金才會翻一倍，這樣妳就可以計算需要多高的報酬率以及多久的時間，可以讓妳的錢快速變大。

很多基金公司也都會推廣這樣的觀念，目的就是希望養成大家用較高的報酬率來擊退通膨，而且還可以有錢滾錢的價值，因此定時定額基金以及單筆投資都是很好的方法，不過有些基金公司難保不會自吹自擂，讓大家都來做發財夢，因此選擇不同的商品，多逛逛銀行的網站，或許是不被基金公司誘惑的聰明做法。

女人私房話

1. 通貨膨脹率設定為五％，以現在銀行定存利率不到二％的情況之下，用更高的報酬率來投資，是對抗通貨膨脹最管用的策略。

2. 把七十二除以妳要的報酬率，就是妳本金滾一倍的時間。

聰明消費有絕招

我曾經問一個外科醫生好友：「到底男人的腦袋是裝什麼？」他回答的很妙「SEX囉！」如果是這樣，女人的腦袋裝的就是「SHOPPING」。

其實SHOPPING對女人來說，有極大的啟發效應，它所涵蓋的意義在於女性的自我放縱，女人希望比傳統的生活方式有更多的自由空間跟主宰能力，最重要的是女人可以自己決定要花多少錢來打扮自己。

很多時候，女人不會為了「實際的需求」才去逛街買東西，她為了自己也會為了一切她所愛的人去買東西，更重要的是，女人的購物行為就是「讓自己無時無刻都是最佳狀況」，這種逛街時充滿精力與活力，就會讓女人永遠少一件衣服！

女人永遠要扮演多樣化的角色，在男人的心裡，女人有時候要像情人一樣浪漫多情；有時候要像妻子一樣伺候周到；有時候又要像媽媽一樣，隨時展開溫暖的胸懷，有時候，又要像小女兒一樣，撒嬌耍賴，這樣的要求，也讓女人在血拚的時候，角色多樣化，例如在麗嬰房的時候，她就是媽媽，在Boss的專櫃前，它就是太太，在ARMANI前面就是情人，在化妝品專櫃之前，她有可能是女兒，媳婦甚至姊妹淘，當然在更多的服飾專櫃面前，女人正在做她自己！

基本上愛美是男人和女人的天性！誰希望自己是醜女人，如果有機會，一定都想花大錢來打扮自己，這也是女性服飾、配件、化妝品消費驚人成長的原因，基本上我也是愛買一族，我並不堅持大家一定要把自己弄得很狼狽，目的就是把錢存下來，給先生創業、給孩子教育等，這樣的人生太悲慘，因此，關於女性如何聰明消費，攢下些錢，我倒是有一些建議，在此提供給眾家姊妹們：

1. 年輕就是本錢

二十五歲以前的青春美少女，一定要發揮「年輕就是本錢」的魅力，這時候任何一件高貴的名牌衣服都無法襯托妳的青春美麗，正因為這樣，妳只要花少少的錢買便宜又有質感的衣服就可以囉。

年輕妹妹最重要的一點就是流行的配件不能少，只要能夠在路邊攤上找到流行的配件，妳就可以每天百分之百美麗出門，現在有許多青春美少女，因為追求高價的名牌皮包，衣服，結果讓自己的信用卡刷爆，甚至還透支，過度使用循環利息甚至現金卡的借貸費用，除非有老爸老媽來收尾，不然龐大的債務壓力只會讓妳的青春容貌展現出憂愁，這樣的名牌加身是扣分還是加分，聰明的妹妹自己想清楚嘍！

正值青春年華的美少女，還沒有到賺錢階段，不需要為了投資想破頭，這時候，能夠少花錢，控制自己的購物欲望，不讓自己負債，就已經是很好的理財開始。

2. 粉領貴族消費在質不在量

二十六歲到三十歲的粉領貴族，大概都有固定的工作收入，跟青春時期相比，有的確需要一些像樣而且較為正式的上班衣服，我記得以前，很多公司都有制服，有的女人因為愛漂亮，聽到公司規定穿制服，立刻扭頭就走，絕不接受。不過，現在也有很多人喜歡規定穿制服的公司，一來是省去每天想要穿什麼衣服的時間，二來穿制服可以省下很多置裝費，其實很多公司的制服都很好看，而且穿制服的多半是大公司，在大批採購之下，通常都有很好的品質，這也是現代上班女生的優惠。

如果能夠有制服穿，省下的置裝費，就會有驚人的效果，假設一個月省下三千元的衣服錢，一年就有三萬六千元，不要說投資，光是放在銀行裡，妳就會發現原來穿制服有哪些好處，當然沒制服穿的人，就要考慮基本款的衣服，例如襯衫，A字短裙都是兼具品味跟時尚的搭配，千萬要記住，別人只會記得妳穿的衣服很得體，很好看，不會記得妳的紅橙黃綠藍靛紫或是哪個名牌，所以衣服在精不在多，在質不在貴，這是上班族具備理財觀念的第一步。

三十歲以前的女人應該要有精打細算的本領，因為唯有存下一點錢，以後才有添置「重裝備」的本錢，所謂的重裝備就包括數萬元以上的手飾配件等，我在三十歲以前也曾經做過「鑽石夢」，但是當時只能買得起三十分的小戒指，我不知道我當時高興了多久，現在的我則是後悔不已，因為我幾乎看不到小鑽石的光芒，我總想，如果當時把那「幾乎一個月的薪水」存起來，搞不好現在就可以有心目中「光芒萬丈」的三克拉鑽戒了。

所以我建議女人，一方面要控制不必要的置裝費支出，集中起來，一年買一件好一點的衣服，或是幫自己買個皮包，平常絕對不逛街花錢，最重要的目的就是要存錢，我覺得買基金是很好的開始，因為上班族沒有太多的時間看股票，即使上班偷看電腦，也會因為看不準胡亂投資而有極大的風險，此時善用基金投資，把每月的錢固定拿個三、五千元出來投資，妳才會有美麗的人生。

3. 買一樣好東西勝過十樣爛貨

三十歲至四十歲是女人的黃金時期，懂得理財的人，在這時候可以盡情消費，女人多年的努力和付出在此時可以得到回饋，這個時期的女人，通常都會鎖定重裝備出發，幫自己添購名錶、鑽石、配件等，有人說這些都是賠錢貨，我並不認為，我還有朋友多年前買一支歐洲的手錶，以前的知名度不高，他買到極低的折扣，這兩年來，日本興起這個品牌的收購熱潮，再加上歐元飆漲，結果她的手錶還繼續增值，當然，增值了，也不會賣掉。我想說的是，如果想買一個好東西，請犧牲想買十樣東西的慾望，買到一樣好東西勝過買了十樣爛貨，確實執行，這樣，妳能夠買好一點的東西，以後有任何的金錢壓力，在二手市場也能換錢回來。

這個時期的女人，通常最大的盲點就是每個人都要買好東西，包括自己、先生、孩子都要是，其實，對於孩子，我一向建議不用穿得太好，或是用得太好，很多朋友都說我是後母心態，其實我是親娘，多年來的採購經驗告訴我，孩子長大的速度很快，買了孩子的衣服，通常是穿一季之後，明年就不能穿了，實在很浪費，如果能用路邊攤的價位買到可以幫孩子打扮很得體的衣服，其實就很夠了。但是如果是禦寒型的衣物，還是要到百貨公司或是專賣店買，畢竟一分錢一分貨，路邊攤的羽絨衣大概都是鋪棉的，如果天太冷，保暖效果其實不太夠，當媽媽沒有注意到這點，才要小心變成後母喔！

在衣服搭配上，我希望大家都創造自己的美麗傳奇，不需要跟著流行打轉，流行的衣服一季有個一件就夠了，但是基本的衣服，就要趁打折的時候，趕快添購，夏天的衣服相對便宜，冬季衣服比較貴，在採購的比例上，也要有預算的分配，以我自己來說，我就喜歡在冬天添購「cashmere」稱為喀什米爾的衣服，那是一種像毛衣一樣的衣服，但是較為輕柔、舒適，很適合在秋冬時候穿著。

牛仔褲是我多年的穿著習慣，我也樂於推薦這樣的穿著打扮，因為可以很正式，可以很輕鬆，最重要的是，讓別人感覺很年輕，牛仔褲要正式不難，上半身穿個正式一點的衣服，然後搭配高跟鞋，大半時候我都搭配毛類的披肩，即使出入高級的宴會場所，也不會被人看笑話，牛仔外套也不能少，不管是在國內或是出國旅遊，這樣的搭配很簡單大方，玩起來也自在，但是在一些重要場合，請不要做這樣的搭配，是會讓人家以為妳不是去上班的而是想出去玩。而牛仔外套再搭配一件式的洋裝，特別是細肩帶的洋裝，會有意想不到的效果，當然不管是牛仔褲或是外套，挑剪裁好的一、兩件就夠了，低腰喇叭以及牛仔短外套都很不錯，價錢不用太高，千把元，就能創造自己的美麗。

不管妳是幾歲，記住妳的穿著要比實際年齡少十歲，因為「看起來老」是女人最大的致命傷，當然除了外表之外，不斷地充實自己的荷包，讓自己有充裕的錢來投資自己，當自己買重裝備的時候，才不會有強烈的罪惡感，這才是聰明消費的最高原則。

女人私房話

1. 置裝費是上班女性很大的花費，買的省又有質感，或選擇穿制服的公司，都可以省下不少錢。
2. 「看起來老」是女人最大的致命傷。

高品質、低消費的生活觀

隨著時代的進步，行銷手法更創新、更有人性，也更難抗拒，因此，充斥在周遭的誘惑越來越多，別說是把錢存下來，每天的開銷，最先面對的就是一場激烈的天人交戰！

走在路上，每個地段都有流行味十足的地攤貨，當然沿途的百貨公司、商店，應有盡有，不斷的推出「來就送」、「滿千送百」活動，幾乎讓天下女人走進去就被黏住，再也無法脫身，除了這些之外，許多的電話行銷公司，更是用電話攻勢，每天跟妳噓寒問暖，直到妳答應辦一張卡片為止。

飯店辦卡方式，非常特別，不久前，我才跟老公激烈的討論過，因為老公覺得辦這種飯店卡十分划算，大約花一萬七千元左右，就送一個晚上的房間，之後兩個人吃飯一人免費，我覺得很奇怪，一開始就要花一萬七千元，促銷人員一定會說房間錢就要一萬元，所以真正只花七千元，然後一個餐點大約一千元，兩人同行，一人免費，只要吃七天，就回本了，如果天天吃，一定賺到爆了！

這樣的推銷方式，連我在投資界工作的高級主管老公也都被說動了，的確，我不否認他的工作常常需要跟別人在飯店用餐，所以辦一張所謂的貴賓卡來吃飯，對他而言比較經濟，但是對於女性朋友來說，還沒吃飯就先繳一萬七千元給飯店，飯店已經收到妳的錢，以後妳可能因為忘記或沒時間去住宿，所以免費奉送飯店價值一萬元的住宿費用，也忘記了，妳每一次消費還是要花些額外費用，加上飯店的餐廳，大都也就兩、三家，怎麼可能每天去吃，至於妳先繳給飯店的錢，早就讓他們拿去其他地方賺錢了，所以，如果找上我，我絕對不會辦這樣的會員卡。

網路也是一個致命的吸引力，因為國外的網站多，又是二十四小時營業，雖然沒有專業的銷售人員跟妳推銷，但是現在幾乎每一個年輕人都拒絕不了網路的誘惑，成為一大錢坑。

想要改善自己活在處處充滿誘惑的銷售環境裡，妳首先要抗拒誘惑，有很多人喜歡一件襯衫，就怕這件能夠掩飾缺點的襯衫賣光了，於是一口氣買了三、五件，也有人覺得一雙鞋子好穿，於是同樣款式，不同顏色的鞋子買五雙，這點的確實匪夷所思，不管妳有多喜歡一件東西，一件就夠了，多了，妳不會珍惜，也容易厭了，所有打扮的樂趣也就消失了，更何況明年一定有更新、更好的東西出來，一次買太多，真的會斷了以後的採購能力。

想要過高品質的生活，不見得一定要付出高單價，有所選擇是最高原則，例如很多人一定會花錢在彩妝上面，女人喜歡拿化妝品在臉上塗塗抹抹，有時候，沒有塗抹就不願意出門，相較之下，我會花較多的錢買保養品，畢竟把自己的臉蛋、身體照顧好，才是皮膚好的不二法門，偶而的化妝會讓大家驚艷，但是常常濃妝的習慣卻一點也不會引起別人的注意，兩個選一個，妳就會省下一些錢來。

用餐也是一樣，在家裡的燭光晚餐，不一定輸六星級的飯店，搭配得當的衣服也不見得會輸香奈兒小姐，在妳的財富還沒有到達一個安全水位的時候，妳的欲望必須降低，妳的採購能力也要下降一半，就是妳不能什麼都要，先選擇以後再做決定。

在家庭採購上，我有很多的經驗，以前我買了知名品牌的DVD，不過很會挑片，盜版的不能看，有時候連出租店租的片子也會有問題，一樣重視價格的妹妹就在大潤發買一台一千九百九十九元，結果什麼片子都能看，原本是想舒服躺在家裡看片子，結果只能跟著孩子一起擠在妹妹的小窩裡觀賞，這也讓我想起來，這幾年來，價格戰爭已經打破消費者對於品牌的忠誠度，更何況家電用品都不是尖端的高科技，壞了都能修理，買到便宜貨，又可以享受，豈不比花大錢找氣受來得痛快。

在民生消費上，我們也都有低消費的共識，也就是消費品都會買同類型的低價產品，例如衛生紙、洗衣粉、清潔劑、洗手乳等等都是，因為，我相信肥皂之類的東西，就是洗淨的功能，基本的動作必須做好，例如洗碗要洗乾淨，使它不會殘留，洗手講究的是搓揉，不是添加其他的配方。

當然吃的東西，以及特殊個人使用的品牌，就無法一視同仁，以一樣是消費品的衛生棉來說，妹妹跟我所使用的品牌就不一樣，很難說什麼，就是「不好用」、

「不喜歡」，反正女人說了這兩點就是全世界通用的最好理由。

在衣服跟打扮方面，我也一直認為，所謂的價值就是「物超所值」，這樣才會突顯價值，也就是用較低的價格來換取更多的稱讚，才是最值得推廣的觀念，想辦法把自己衣櫥的舊衣服變成新流行，就是最好的節約消費守則。

女人私房話

在衣服跟打扮方面，我也一直認為，所謂的價值就是「物超所值」。

聰明使用信用卡

信用卡是社會進步的產品，聰明運用可以達到先享受、後付費的結果，恣意的亂用則是造成自己負債累累的下場，特別是對於眼光好、品味高的粉領階層，一定要先學習卡片的管理。

銀行除了主卡之外，還有大大小小的聯名卡、認同卡，其中，包括白金卡、女人卡、百貨聯名卡、加油卡以及最近流行的迷妳卡，這四大族群卡量多，卡片消費餘額又高，不但是銀行重要的產品線，也是民眾最常用的卡片。

受到分眾化時代來臨，信用卡已經形成越多越好的趨勢，因為百貨公司有百貨公司的聯名卡、舉凡餐廳、加油、書局等等都有認同卡，如果再加上往來的銀行、免費的白金卡，一個人就可以輕鬆擁有十張、甚至二十張信用卡，但是卡片一多，刷卡也就增多，先進行卡片管理就是第一要件。

根據我的觀察，信用卡三張剛剛好！基本上，每個人信用卡到底拿多少張才足夠？完全視個人情況而定，以使用習慣來說，三張卡片綽綽有餘。卡片使用簡約化，對個人管理卡片是一門學問，也是必要功課。

全台灣大約發出三千六百萬張信用卡，然而實際刷卡人數，可能只有八百萬人，從財政部資料顯示，國內剪卡率有節節升高的趨勢，卡片氾濫，呆卡、睡卡一大堆，對持卡人來說，常是刷同一張卡，和銀行保持長期友好關係，增加自我信譽，才是聰明的持卡族。

怎麼做好卡片管理呢？第一步，就是檢視自己的消費習慣，如果是商旅人士，當然要選一張好用的白金商務卡，另外搭配經常用的聯名卡，至於愛買一族當然以折扣最多的聯名卡（例如百貨公司聯名卡）為主。

在三張卡片中，不妨選擇一張大型金控公司的卡片，一來早一點和金控集團建立良好關係，未來金控集團利用旗下銀行、證券公司的卡片或帳戶來做交叉行銷，將越來越頻繁，金融商品的周邊效益也會顯現出來。

女人卡與購物卡常常畫上等號，折扣優惠越多，女人卡越受歡迎，目前市場上以台新銀行玫瑰卡、安信VOUGE卡的「女人」形象最為鮮明，至於富邦銀行DHC卡主打化妝品優惠，發卡量也創下新高，女人卡常常會有女性講座，或是在婦女節、母親節、情人節推出講座、特惠的投資條件等都是女性獨特的優惠，因此擁有一張女性特質的卡片也是重要選擇。

不少女性朋友透露，她們第一張信用卡辦的是台新銀行玫瑰卡，只是後來發現包括國泰世華SOGO、微風聯邦、新光三越百貨聯名卡的折扣和優惠，遠勝過玫瑰卡，因此紛紛轉移目標，改辦百貨聯名卡，玫瑰卡打不過新光三越聯名卡，再次印證女人愛購物折扣優惠勝過一切。

至於安信VOGUE卡，主打品味獨特的上班族女郎，不但有一%的現金回饋，更有多家折扣優惠商店，並提供前三個月免息的分期付款方案，頗受名牌愛用一族的喜愛，而富邦銀行看中女性對化妝保養品的高消費能力，推出富邦DHC卡以來，短短一年，發卡量突破十萬張，成績亮眼。

基本上年輕粉領族，愛打扮、愛買化妝品、名牌包包、鞋子，敢刷、敢花錢，薪水卻很微薄，零利率的分期付款很適合她們，至於超過三十歲以上的成熟女性，消費習慣改變了，幾乎都是幫先生、小孩買東西，書店、童衣店、3C家電賣場、量販超市等成了她們的主要消費場所，因此選擇聯名卡成為唯一標準，對於女性朋友來說，現在有聯名卡可以免費停車，在台北市的停車費節節升高之際，我也贊成擁有一張免停車費的聯名卡，對於開車族可以省下一筆開銷。

當然，很多人說，現在如果沒有百貨公司的聯名卡，那就連折扣都沒有，我的觀察是：絕對不會！通常妳只要說：「我忘記帶卡」，通常可以「唬弄」過去，要不，搬出「妳不打折，我就去別家買」的殺手鐧，通常都能奏效。

整理出自己喜歡的三張卡片之後，最好明確的知道帳單截止日以及繳款日，我有很多朋友喜歡將信用卡的繳款日期都改成同一天，也就是三張卡片都在同一天繳款，因為這樣可以很明確知道本月份需要支出的大部份金額，對於以信用卡來管理帳務的人，我覺得這是很簡單而且很明智的做法，因為一個月的支出都可以很確定的知道。

也有人將三張卡片分別錯開截止日以及繳款日，因為只要三張卡片安排得當，通常可以控制當月的消費在次一個月繳納，對於不是領固定薪水的人來說，每個月都可以先繳一張左右的卡，然後月底再繳一張，下月初再繳一次，也許要多跑幾次郵局繳款（我想多替郵局宣傳一下，所有的信用卡都可以在郵局繳納，不用跑到各地的銀行分行，一次在郵局繳納完畢，也可以省下每次ATM轉帳的十七元費用，更會避免因為ATM造成的轉帳失誤），靈活繳款的方式是麻煩一些，但是也可以拉長先享受後消費的快感。

有一次我跟大家分享「三張信用卡就夠了」的觀點，卻被老友「吐槽」，因為我的確是超過三張，不過我不是「說一套、做一套」的人，因為我的確只用三張卡，但是多了老公的兩張附卡，附卡的功能平日不多，但是如果一旦發現打折假期，自己的刷卡過多時候，適度分擔到老公的附卡，就是降低自己風險的時候，當然，在對老公有「不滿時候」，附卡也擔負了「替老公贖罪」的功能喔，附卡不能常常用，偶而用之，效果其佳，如何使用，存乎一心，有心的姊妹們，不妨自己多加揣摩！

女人私房話

如果是商旅人士，當然要選一張好用的白金商務卡。

由消費習慣找出妳的投資性格

妳想知道自己的投資性格嗎？看妳買東西就知道了！

我常說，理財人人都需要做，因為理財是將財務做出整理，包括個人以及家庭的收支，當財務打理好，有多餘的錢的時候，再來進行投資，但是投資需要看性格，有的人在路上掉了一百元，今天心情都不好，那就是極端保守的人，如果去投資股市大概不出三、兩天就會爆發憂鬱症，因此適合做銀行定存的投資，如果每次都會包牌買彩券的人，賭性堅強，一定也是股市常客！

最近我一直在想女性朋友的投資性格，曾經發現有人以星座為主，聽說用在女性上十分神準，其中積極型的包括獅子、牡羊、射手、水瓶，適合一些高風險但是也相對高報酬率的投資工具，雙魚、巨蟹、天蠍、天秤則是喜歡穩健型的投資工具，強調多元化，進可攻、退可守的工具，雙子、魔羯、金牛、處女就是最保守的投資族群，不過想一想，我是積極的天蠍，顯然星座也不是全然適用。

後來我發現在女人買東西就可以立刻看出投資性格的端倪，如果妳不是很清楚自己的投資性格，先回想自己買東西的時候，大概是哪一個族群：

1. 固定消費習慣

喜歡買固定品牌，總是到固定一家店買東西，不太喜歡嘗試新的品牌或是新的顏色。這種人的投資性格就是最保守的，這個族群的人，最適合慎選一家形象優良的基金公司，把大部分的閒錢投資在專家操作的基金上面，因為好的基金公司通常績效都會維持一定的水準，要不就是定存商品、定時定額基金投資。

2. 喜歡追求流行

喜歡追求流行產品的人，接受新東西、新色彩的能力強，任何形式的衣服或是配件都勇於嘗試。感覺上這種人應該很有主觀意識，是自己錢財的操盤手，其實不然，喜歡流行的人就是喜新厭舊的人，對於低報酬率完全沒有誘因，因此以股票市場來說，她們大概就會是跟著大家搶進殺出的族群，有追求高風險的勇氣，卻不知道能不能承受風險，就像買了極端流行的商品，有人會稱讚有人會搖頭，看妳的應對囉！

這樣的人我建議，只要能夠掌握主流，短打進出可以適合在高風險的股市或是新興市場、單一區域的基金投資。

3. 有人陪才會去逛街

買東西時候，一定要有人陪才會去逛街，決定的東西也要旁人背書說「好看」，才會決定買的人。這也是保守型的投資性格，最好選擇基金當成投資標的，起碼有基金公司以及基金經理人的背書。

4. 愛買一族

看到東西就想買，常常會因為東西買過頭而超過預算，事後完全沒有買東西的喜悅，反而是陷入罪惡的壓力中，這種投資性格式直覺型的、衝動型的，投資跟買東西一樣不管有沒有投資都會後悔，因此選擇類似平衡式基金是比較適合的。

5. 常常自己獨自逛街

看到喜歡的就會買下來，如果價格不如預算，就會跟專櫃小姐說「等下折扣的時候再通知我」，這是非常具有預算觀念、控制預算能力的消費族群，因此對於行情比較具有判斷能力，如果這樣的人購買海外基金、衍生性金融商品、高科技或是成長型的基金都很適合。

女人私房話

從消費行為可以分析女人所適合的投資性格和組合。

女人要避開的消費十大盲點

女人是很矛盾的動物，有時候拚命講價、錙銖必較，有時候又是興頭上來，衝動消費，其實在消費上，有許多盲點都可以輕鬆避開，如果不改變消費盲點，那就無法談儲蓄理財了。

以下十點就是我跟敗家姊妹、精打細算的婆婆媽媽研究出來的「必勝絕招」：

1. 減價才出手

當然許多聰明的女性早知道這個原則，問題是這個原則，通常就是最大的盲點！其實減價商品一定可以省下很多錢，不過越是減價品，大家買的越兇，常常連不需要的東西也買回家堆著，結果東西不是放到過期，就是放到忘記。

我常常跟很多人說，百貨公司不需要的贈品，不要去換，半年之內用不著的東西不需要先買——即使折扣很低，原因就在於，現在妳住的房子，一坪都需要十幾萬元，甚至更貴，但是房子裡一堆都是不值錢，又用不到的東西，豈不是委屈了房子，用來增加自己的居住空間，不是更美妙？

2. 買的多折價多

除了減價會多買之外，通常商家也會以買多折扣多來吸引愛買族，但是多買多便宜也多陷阱。

好友蕙英鬧過一個笑話，有一次去路邊攤買衣服，一件二九九元，她剛開始學會殺價，一出口就跟老闆說：「跟妳買三件，算一千塊好了」，老闆瞪大眼睛，我們已經笑倒在地上了！

前不久跟好友阿不拉全家去他的宜蘭老家玩，宜蘭真是好山好水的地方，可以洗溫泉，還可以在運動公園狂跑，當然宜蘭的蜜餞也是我的目的之一，到了蜜餞店，老闆總是會掛著「一包一百八十元，三包五百元」的看板，很多人都是付了一千元，拎著六包回家分享親朋好友，很明顯，買的多，自然便宜，但是我先問：「如果只要兩包呢？」老闆頭一歪說：「算妳三百。」我要老闆每二包包成一包，花了九百元，我也拎了六包回家。所以，一樣是買的越多越划算，但是也要聰明的買，才以更多的折價。

3.列出清單

這點雖然是老生常談，不過列清單，一來可以避免漏掉該買的東西，二來還可以避免不知不覺多買的情形，人都有「順便」的心理，既然到了賣場，就多買一些，因此常常會出現「該買的沒買，不該買的買了一堆」的情形，要衝出盲點，這一點消費技巧一定要切記。

4.到熟悉的購物地點買東西

我們的媽媽輩都會到固定的地方購買家庭用品，甚至買菜、買肉都有固定的攤位，這樣下來，建立老主顧的關係，不但容易有好東西，也容易會有折價的商品。

媽媽就常到一家電器店買家電，有一次要買店暖爐，在全省缺貨情況之下，老闆二話不說，就拿出自己要用的說：「我的先讓給妳，一樣再給妳折扣」。現代都會人因為工作關係，也因為自己都有開車，早就是都會的遊牧民族，游離在都市的角落，買東西比較沒有固定地方的忠誠度。不過現在很多賣場的情況也都改變，有一次我到一家百貨公司的超市，一口氣買了四瓶的柚子醋，小姐對我說：「這個醋下星期有特價，妳可以先買一瓶，下星期再來買！」我很欣賞這位店員，覺得她又親切又有行銷頭腦！

5. 利用折價券

不管是商家的宣傳單、報紙的廣告或是折價券、Coupon、印花等都是店內的最低價商品，善用折價券，自然會讓妳的荷包省下很多錢。

但是現在市場上出現更多的折價券，相當誘人，很多姊妹都會收到動輒「五千元折價券」一本數張，比起青菜一把五元，令人興奮很多，但是規定每次現用一張，每一萬元就可以抵用一千元，如此可能要花上一萬元，才能消耗一張折價券，這就跟我在百貨公司停車需要買一千元出場，還是乖乖給一百元出場，需要一點智慧才能悟透。

尤其很多時候，家庭主婦總是會因為一把青菜五元，決定搶購，然後在順便買一些東西，其實算下來，並非最大贏家。所謂「殺頭生意有人做，賠本生意沒人做。」商家一定會祭出流血價來吸引顧客，顧客一旦貪小便宜也就讓人宰割。

6. 到有會員制的大賣場，要有計劃

其實到有會員制的大賣場，並不是好方法，一方面有會員制的賣場都有年費制度，否則就要辦理聯名卡來扣抵，一般人辦理會員卡，就會忘情的消費，因為「買的越多、越便宜」這種魔咒，始終無法突破。

我也是會員制大賣場的常客，因為不管是東西的品質以及換貨服務都有很好的

保證，但是大量採購，讓我的荷包失血，特大包的包裝方式，也令我無法消受，後來才發現很多東西不是吃完的，通常是放到冰箱凍傷甚至過期，於是我就跟媽媽或是婆婆來個「聯合採購」，把家庭必需品甚至消耗品都一分為二、一分為三，這樣皆大歡喜，又經濟又划算。

7. 善用信用卡付款

在台灣一個人，平均都有四張的信用卡，基本上，如果能夠善用信用卡付款，其實都有資金運轉、延遲付費的優點，當然信用卡還可以累計換商品或是現金回饋，對於固定信用卡支出的人來說，也是重要的財務管理功課。

8. 分期付款

如果有無息的分期付款，當然是買東西的最高附加價值，尤其在買高單價的家電產品或是傢俱等都十分合適，前一陣子，有百貨公司開辦免息分期付款，於是很多敗家姊妹就趁機買高總價的珠寶以及手錶，當成自己的獎勵，不過同時，她們也跟自己簽定「分期付款期間決不再刷卡」的契約，我覺得這是值得鼓勵的做法，一來可以買到夢寐以求的商品，二來也杜絕無目的的消費。

9. 不要馬上跟上流行

「流行」的對等名詞大概就是「高價」、「高貴」，尤其剛開始流行的東西一定價錢很高，不要馬上跟上流行就是聰明消費最重要的一步。

同樣是純棉的衣服，一件需要兩百元，一件需要兩萬元，差別就在於「流行因素」，流行元素很多，除了材質之外，顏色，配件都很重要，因此通常要跟上流行，只要把流行的元素灌注進去，也可以達到很好的效果。

不要馬上跟上流行，還有一個最重要的原因，就是流行通常也就意味很容易被輪替掉，電腦大廠微軟每年要花獲利的一半，來投入研發，為了就是快速升級，達到穩居世界第一的地位，國際的流行大廠，也就在不斷的創造新流行元素之下，穩居領導地位，問題是，一般消費者如果跟上流行，那就意味自己的錢要被一步一步的輪替掉。

10. 大膽講價

通常時尚女性都不喜歡講價，除了「不好意思」的原因之外，怕被貼上「歐巴桑」、「伯母」、「老土」等封號都是原因，畢竟只有年紀大的女性比較習慣講價，不過，我倒是建議，多多講價，一定有很好的回報。

講價，其實可以拉近跟店員的關係，彼此也容易建立老主顧的關係，很多人認為講價是「路邊攤」的特殊習慣，其實不然，百貨公司等一些大賣場也都有講價的空間，功夫不好沒關係，多練幾次，就有機會增強功力，以後還能「出國比賽」呢！

聰明借錢有訣竅

借錢並不是高尚的行為，對於女人來說，有的因為脫離職場很久，找不到同事可以周轉，大多數的女性也因為比較「閉塞」，因此不容易跟別人開口借錢，但是如果是以下二種情形，那就必須瞭解借錢的管道，第一種是非借不可，否則就沒錢開飯，的確需要借錢。第二種就是借錢來賺錢，這是邁向財富的關鍵，很值得鼓勵。

大多數的月光族，剛開始借錢是為了吃飯、房租的基本開銷，借多了就必須還債，信用破產，以債養債，接下來永遠沒有還清的一天，很多都以走上絕路收場，但是如果是懂得投資理財的人，借錢是拿來周轉，用來以小搏大，以錢滾錢，連本帶利賺大錢入袋；常常可以成就幸福人生。其實，借錢就像一把雙刃的刀，既可以傷人，也可以助人，要想擺脫貧窮，一定要借錢借得很聰明，還債還得很智慧；要想富上加富，如何在借還之間，靈活財務操作，更是邁向富貴的捷徑。

女性借錢難以啟齒，那麼借錢第一步就學習先向自己人借。例如自己和家人有定存單、保單可以質借，利率低得很，不必急者跑去辦現金卡或信用卡預借現金，利率動不動十八%或二十%，平白無故浪費利息。如果手邊沒有半點動產、不動產，只好退而求其次，向自己的親朋好友借，一來利息好談，很多失業的婦女或是失婚的婦女，在急於找工作之際，先向家人求援並不是糗事，反而可以降低自己的不安全感。

如果沒有家人的支援，就必須靠個人信用，向銀行伸手借錢了，只是銀行為了賺錢，產品線可是五花八門，小額信貸、信用卡預借現金或簡易信貸，甚至是現金卡，要什麼有什麼，應有盡有，這時候，決定給不給妳錢的主導權，在銀行手上，不在妳手中，妳所能做的，就是盡其所能提供「有力」的證明，舉凡財力、在職或薪資證明，表示還款能力佳，或是過去的歷史信用良好，有借有還，跟銀行議價空間越高。

值得注意的是，在銀行眼中，完全沒有和銀行往來的人，比有借錢紀錄的人還要不容易借到錢，因為銀行無從判斷該客戶的信用，因此，要借錢最好跟以前有往來的銀行談，最好是以前的薪資戶。

借錢之前，必須讓自己誠實的面對三個問題：「要借多少錢」、「要用多久」、「要怎麼還錢」，搞清楚這三個How，再來就是精打細算，貨比三家。

其實，銀行借貸商品的利率以及手續費都差不多，但是條件各有優劣，沒有哪一種可以借最多錢、利息又是最低，而是看個人條件、需求不同，尋找最速配的融資管道，唯有透過精算，還原實質利率，算清楚利率、額度高低，才有資格當聰明的借款族。

如果妳目前屬於「月光族」，也就是每月都是花光光，通常都是因為有其他負債，這時候最好整合負債，因為分散債務的情況之下，通常無法有效率地還款，建議月光族可將戶頭與債務整合起來，就能有效率地對整筆的債務進行分期攤還計劃。

此外，如果妳屬於薪水階級，每月固定有存款，戶頭也總會留點家用，也可以採用整合戶頭與債務的方式，讓實質利率降低，現在市面上有抵利型的信用貸款就是針對這樣的設計，跟抵利型房貸的道理相同，抵利型貸款就是調整計息的方式，讓消費者以存款折抵負債，負債的本金少了，利息也當然跟著減少，讓貸款的實質利率可以降低。

當妳只需要短期小額的周轉，金額在十萬元（或以下），現在流行的現金卡、理財卡是另外一種選擇。一般來說，向銀行貸款，除須支付利息外，也要依貸款年期繳交三％以上不等的開辦費、信用保險費等。因此，對小額借款的消費者而言，就無形提高借貸成本，因此，一般十萬元以下的小額借款，大約兩至三個月就可以攤還，雖然借款利率高，大約在十八％左右，不過每次的手續費只要一百元至一百五十元不等，比到銀行借款更簡便，手續費也便宜。

提醒妳，現金卡或信用卡小額借款，通常在繳款期限內繳清即可不必計息，銀行業者建議，如果消費者只想借個三、五萬周轉，如果在帳單結算後一日借出，則最長可以有四十天的還款彈性期不必計息，不過借款額度就須視該信用卡、現金卡的額度有所限制。

消費者應該按照自己資金需求的額度、並規畫攤還時間，選擇一個最適合自己的借貸方式，不見得每個人都適合用現金卡、信用卡方式借款，借款在二十萬元以上的消費者，不妨考慮整合帳戶的抵利型貸款、或是結合帳戶的理財卡、乃至中長期貸款。消費者應該提早做好規劃，確認需求，問清楚貸款銀行或發卡銀行，不要屆時為了圖方便、或是只比較低利率，反而付出更高的借款成本。

女人私房話

1. 借錢第一步就是先學習向自己人借。
2. 借錢之前的三個問題：「要借多少錢」、「要用多久」、「要怎麼還錢」。

女性自主購屋成趨勢

很多時候，我並不贊成女性貿然的買車或是購屋，會增加自己財務規劃的難度，而且女性容易出現衝動性購買，是最大的弊端，如果買房子衝動起來就是二十年的房貸壓力，不得不特別謹慎。

其實，從最近的訊息觀察，房地產出現兩種極端的現象，一種是針對粉領階級所推出的高級小套房，訴求浪漫溫馨外加高級享受，以寵愛自己為出發點，女人很少拒絕這樣的寵愛方式，不過，價格通常過高，的確讓我憂心這樣浪漫的理財陷阱，但是另一個消息，倒是很振奮人心，那就是女性自主購屋的趨勢很明顯，她們有的是上網，有的是直接到銷售市場看中古屋，我覺得這是很好的女性自覺，亦是聰明做財務規劃的開始。

兩性工作平等法實施即將屆滿兩週年，由於立法的保障與兩性平等觀念逐漸開放，近年來女性不管在教育程度、或是職場表現均有明顯提升。在一向被視為男性主導的房地產市場，目前使用房地產網站找房子的女性網友，不但較去年激增二十四％，也比男性多出十九％，平均年齡則小男性三歲，代表著女性正朝自主性提升邁進一步。

女性職場佼佼者的永慶房屋仲介集團網路總經理鄭明嬌就說：「現代女性由於教育水準大幅升高，加上近年來兩性平等觀念的開放以及相關法令立法的保障，女性就業的比例及平均薪資均有明顯提升。」根據主計處最新統計，民國九十二年女性佔全國就業人口的四十四・二％，與民國九十一年持平，同為歷年來最高水準。在平均薪資上，民國九十二年全國女性平均薪資三六四三七元，以年成長率來看，成長一・六％，比男性的一・三％高出〇・三％；若以佔男性薪資百分比來看，民國九十二年女性薪資為男性的七十八・四％，亦為近十年來最高。

正因為女性就業比例及薪資所得大幅上揚，反映出經濟獨立與自主程度的顯著提升，不但提高消費能力，購屋自主性也連帶轉強。根據統計，目前女性願意主動在房仲網站留下購屋需求的人數，較男性多出十九%；若同樣與民國九十二年同期相較，男性網友人數成長低於兩成，女性則增加二十四%。顯示女性對於自身的購屋需求，甚至於在家中，對於選擇物件的主導地位，正逐步提升。

目前有購屋需求的女性大都是先上網看屋，其中以六年級前段班、三十歲上下的紅粉族群最多。以購屋的目標地區來看，桃竹地區的女性使用房地產網站的人數成長最多，較民國九十二年同期大幅成長一二三%；台中、台南及高雄等地區，女性藉助房地產網站來找房子的人數，也有百分之一百的成長。

在購屋預算上，全國女性網友的平均購屋預算為六百零九萬元，與民國九十二年同期持平。其中，台北、台中及台南地區女性網友的購屋預算，分別為六六八萬元、五三四萬元及四百萬元，各成長四%、五七%及二四%。在購屋預算下降的地區之中，桃竹地區女性網友的平均預算為五百一十三萬元，微幅減少六%；高雄地區女性網友的平均預算，則由五五七萬元衰退至四四一萬元，跌幅達二一%。

全省最受女性網友青睞購屋地點的分布區域，包括台北市的內湖、大安及文山區，台北縣的板橋、永和及新店，桃竹地區有桃園市、新竹市及竹北市，台中的西屯、西區和南屯，台南市東區，高雄的三民、左營及苓雅區等。

事實上，無論在上網尋屋的習慣或是實際購屋登記，女性人數的比例均逐年成長，主要的原因有三：第一、主計處的統計指出，男女薪資的差距由於女性教育水準及職場地位提升而逐漸縮小，女性平均薪資佔男性比例已由十年前的六六•九%，上升至民國九二年的七八•四%，顯示女性購買力提升，強化自行購屋的能力。

第二、兩性合購不動產，在基於節稅、尊重女性及降低法律風險的考量下，雖有部分男性為購屋出資的主要來源，但在實際辦理所有權登記時，將不動產登記在妻的名下，亦是導致購屋名義人中，女性比例超過男性。

第三、民國八十六年九月二十六日以後，依據新修正的土地登記規則，無論妻子在何時取得不動產，均毋須經過夫的同意便能自行處分，破除過去規定在民國七十四年以前婚姻關係存續期間取得、並登記在妻名下的不動產，必須經過夫之同意方能處份的不平等條文。加上在女性經濟自主的趨勢下，購屋已不再是男性的專利，

附表一：上網找屋女性平均預算分析

地　區	92年1-2月（萬元）	93年1-2月（萬元）	年增率(%)
台北地區	645	668	+4
桃竹地區	545	513	-6
台中地區	340	534	+57
台南地區	322	400	+24
高雄地區	557	441	-21
平　均	610	609	0

資料來源：永慶房介聯賣網

附表二：台灣地區歷年受僱者平均薪資統計

年度	女性平均薪資（元）	男性平均薪資（元）	女性平均薪資佔男性平均薪資比例(%)
82	24, 714	36, 939	66. 9
83	26, 595	38, 948	68. 3
84	28, 478	40, 610	70. 1
85	29, 845	41, 938	71. 2
86	31, 640	43, 744	72. 3
87	32, 770	45, 020	72. 8
88	33, 944	46, 174	73. 5
89	34, 932	47, 245	73. 9
90	35, 608	46, 936	75. 9
91	35, 868	45, 870	78. 2
92	36, 437	46. 482	78. 4

資料來源：行政院主計處

使女性更能主導房屋的交易買賣。

現代女性由於教育水準及薪資所得大幅提升，使得購屋自主力轉強，而她們對於房屋資訊的掌握並不亞於男性，甚至在購屋決策時，價格彈性反較男性為大，完全顛覆過去女性購屋較為保守的傳統印象。在兩性平等法上路之後，有了法律的加層保護，女性勢必更加努力追求個人能力及經濟能力的提升，加上節稅及降低法律風險的實際需求引導，可預見未來以女性主導的購屋行為，將成為一種新的社會現象。

女人私房話

現代女性由於教育水準及薪資所得大幅提升，使得購屋自主力轉強，而她們對於房屋資訊的掌握並不亞於男性。

PART 4 女人要教孩子有錢

＊ 要教育孩子，要從很小的時候和隨時隨地開始。

＊ 使妳的孩子成為『不幸的人』，就是——對他『百依百順』！

＊ 嚴格跟暴怒是不同的兩種態度，媽媽在教育孩子的時候，要謹慎尊重到孩子的自尊心。

＊ 太容易生氣的媽媽也將會使孩子有莫名的恐懼感。

＊ 有人結婚不收聘金，有人不拿老公的薪水，這樣的女人說話才會大聲！

＊ 每天鼓勵老公「好棒！」或「謝謝老公賜我豐富的一餐」，妳就可以省下很多做家事的力氣。

＊ 管太多，孩子過於膽怯，沒有開創性，管的太少，孩子又像風箏一樣，萬一變壞，抓也抓不回來！

＊ 不要輕易對孩子說不可以、不准、不行。

＊ 不管怎麼說，愛錢是好事，總比拿錢不當錢好得多。

和孩子分享理財觀念

跟孩子分享理財觀念是當媽媽很重要的功課！媽媽主導很多的觀念，因為由生活作息開始，媽媽每天的言行身教，總是不知不覺的影響孩子，媽媽煮的菜是鹹是淡，會影響孩子一輩子的口味，媽媽的人生態度也是孩子以後的人生觀，當然花錢的態度也會有很大的影響，只是妳從來沒有發現而已。

我的孩子兩歲時候，只要走到大馬路上，手就會伸出來，起初，我沒有太注意，後來還是老公發現理由是：「妳每次到馬路上就招手坐小黃，連兩歲孩子都會學妳！」果然這個習慣早就影響這個還不大會說話的小娃！

等到孩子三歲左右，很會說話了，我常常帶他出現在各大百貨公司跟賣場，結帳時，孩子總是會說一句笑話，逗得專櫃小姐笑咪咪，這句笑話就是：「媽媽，記得要刷卡，因為刷卡不用付錢！」剛開始，我也跟大家一起笑，覺得孩子天真得不得了，後來發現不對，如果他一直以為刷卡不用付錢，那後果就不堪設想，畢竟老人家都說「三歲看大、七歲看老！」生活的態度都需要媽媽的指導。

跟孩子分享錢的觀念，或者說分享理財的觀念，其實並不容易，有很多人把小孩送去理財研習營，讓大家先學習數鈔票，然後認識銀行、認識基金、認識股票等等，我覺得不是很理想的做法，因為理財營幾乎場場爆滿，而且要四年級以上才能參加，如果擠不上理財營或是不到四年級，是不是就不需要懂理財？其實，要教育孩子，要從很小的時候和隨時隨地開始。

超市是一個很好的地方，也是我跟孩子討論花錢的地方，我們會先提出家庭跟個人的採購清單，到了超市，孩子也會先看本日的特價商品，看看有沒有我們清單上想買的東西，接下來，我們會開始選購產品，消費品方面，孩子會建議我用同產品中最便宜的，因為用掉就沒了，所以衛生紙、洗衣精我們都是挑最便宜的品牌。

其他方面，我們有不同的考量，一樣是優酪乳，口味不同、品牌不同、價錢也會不同，他們就會自己考慮，有時候會告訴我：「它雖然比較貴，但是多出 20ML」

或者：「貴一點，但是真的很好喝。」這時候，我們就要分享價值跟價格的關係，因為每個人的價值觀不同，在價格之外，我也會尊重孩子的價值觀，因為這個價值觀就是他們以後人生最大的考驗，如果都以價格出發，孩子其實沒有判斷力，一切以價格為考量不是完全的正確。

我們在考試的時候，常常會跟孩子說：「分數不重要，重要的是你都瞭解了。」其實自己內心還是很在乎分數，只是現代媽媽都盡量隱藏起來，在超市買東西也是一樣，很多媽媽都不會計較花多少錢，反正是買給孩子或是家裡用，花再多也是值得，但是內涵在於「孩子是否瞭解一趟採購對於家庭的價值，是包括金錢、包括愛」。

讓孩子瞭解價值有很多的好處，首先他們會知道享受是要付出代價的，他們會更珍惜物質的享受跟父母採購的用心，最重要的是，他們慢慢要學會選擇，選擇便宜的買一堆還是貴的買少一點，這種消費習慣跟以後的理財規劃都有很大的關聯性。

我跟孩子常常在超市中討論，例如罐頭，孩子會先看有沒有防腐劑、保存期限、製造日期（這些在小學一年級的時候也都教到了），到現在他們一直是我的好幫手，尤其是幫我挑到期日較遠的豆漿、鮮奶、雞蛋更是一極棒，因為他們已經發現一種邏輯：放在越後面的越新鮮！這種發現的態度也讓我很珍惜。

有時候，我們也會帶紙筆去超市，算一算買的東西最便宜的跟最貴的差多少錢？本來想買後來決定下次買的有多少錢？一趟超市下來，我們知道花了多少錢？也知道「省下」多少錢？

在日常的生活中，我們已經讓孩子知道，生活開銷已經怎麼進行？先建立清單，避免大家都亂買，然後進行比價以及個人價值的挑選，最後回家還要看看花了多少錢？

這樣長期的超市教育之後，孩子很有消費觀念，臨時叫他去買一盒雞蛋或是買一瓶醋，他不會帶一百元去買，因為他知道不會超過五十元，我還記得，有一次，老公帶我們去一家號稱全台北市最好吃的魷魚羹，兒子一看到價格，大喊「哇！太貴了！」在路邊攤上大嗑美食的我跟老公，一時之間，成了眾人的焦點，粉尷尬！

後來的一個小時之內，老公還不高興，覺得我把孩子教壞了，連五十元都覺得貴，我的想法不是這樣，因為孩子不喜歡魷魚羹，別說五十元，就算三十元他也覺得貴。

讓孩子學會判斷錢應該花在哪裡，有個人的需求是很重要的，這樣我們才能知道孩子的花錢個性，我一直認為，理財有很大的性格因素，小孩要有理財觀念，父母從小就要瞭解孩子花錢的個性。

帶孩子花錢之後，接下來就要鼓勵孩子儲蓄，孩子至少都有壓歲錢，讓孩子自己保管壓歲錢，不要幫他保管，我記得翰寶一年級的時候，對於壓歲錢很有意見，常常會以「舅舅比較愛我，因為他給我的紅包錢比外婆多」，很多父母聽到之後，幾乎都會以「不要亂說」一句話帶過，不過，我不是這麼解決，我問他：「你愛我嗎？」翰寶當然拚命點頭，我說：「那把你的紅包錢都給我吧，表示你超級愛我！」他陷入長考，明顯知道，錢跟愛還是不能畫上等號！

對於紅包錢，我都要求兩個孩子各自計算總金額，一來訓練他們的數學能力，二來要他們很清楚知道自己有多少錢？然後，他們可以決定要留下多少錢買開學用品，因為我一年只買一次用品，橡皮擦不見了、立可帶壞了、墊板被同學弄破了，各種奇怪的理由，我一概不接受，所以請他們先提撥一筆「緊急預備金」，接下來的，就要全部進入自己的戶頭！

教育孩子的理財觀還有兩個關鍵，一個是我正在實驗的家務有給職，因為很有心得，可以跟媽媽們一起分享，另外一個就是讓孩子遠離欠債，解釋欠債的危險性，讓青少年時期的孩子杜絕信用卡或是現金卡的誘惑。

女人私房話

1. 要教育孩子，要從很小的時候和隨時隨地開始。
2. 教育孩子理財觀的兩個關鍵：
   家務有給職。
   讓孩子杜絕信用卡或現金卡的誘惑。

嚴格是教育的開端

法國文學家盧梭曾說：「妳知道用什麼方法可以使妳的孩子成為『不幸的人』嗎？就是——對他『百依百順』！」許多生活白痴型的孩子就是這樣被父母養成的，他們不需要知道如何處理任何事，凡事只要大叫一聲「媽」就可以解決。

當然很多孩子可以盡情的買東西，滿足所有的願望，不用知道多少錢？一樣，只要大叫一聲「媽」就可以解決，想要談理財，媽媽自己就要先有正確的觀念。父母對孩子「太縱容、太放任、太溺愛」，就可能會害了孩子，甚至使他成為「不幸的人」，所以一直有教育學者說：「嚴格，也是一種慈悲。」我要說：「嚴格，是學習的開端。」

由奢入簡難，由簡入奢卻是十分容易，如果宿命的人認為，一個人一輩子「注定」有多少錢可以花，我希望孩子在小的時候，不要佔去太大的比例，讓他在我們看不見的時候，多花一點，才是我們的心願。

不管是財團的下一代或是有錢人家的孩子，常常因為錢太多會出現「兄弟鬩牆」的戲碼，他們不習慣自己掙錢，習慣跟父母要，我常看到很多大企業中媽媽的眼淚，也正證明讓孩子自己掙錢，才是正確的路。

「愛孩子」是對的，我們很難不去愛孩子，但是必須是「有智慧的愛」、「適度的放手」，絕對不能是「縱容的愛」；若太過溺愛孩子，就如同在孩子的成長性格上「下了毒藥」，將會使孩子嚐到苦果！所以，古人說：「愛是好的，姑息卻是絕對的惡！」一樣，給孩子的錢是必要的，但是最好是用在栽培上的花費，如果只是留錢讓他揮霍，也是一種絕對的惡。

以前，我的孩子必須要到公館去上英文課，我帶他坐捷運去上課，後來我希望他自己能夠坐捷運去上學，剛開始，我跟他約在公館站見面，因為我可以省去回家再出來的時間，也要訓練他獨立，後來我幫他準備一支大哥大，跟他說：「你自己去上課！」有好幾次，我躲在人群中，努力窺視一個白淨淨的孩子，那是我的心肝！

我看著他走出捷運，大步去上課，我不去叫他，因為沒讓他知道，每一次我都要壓抑自己的淚水跟不捨，幾次之後，我們兩個人都變得更獨立、更放心了！很多時候，媽媽比孩子要學的東西更多，放手就是一個很難的功課！

在管教孩子方面，我也要說如果捨不得讓孩子挨罵吃苦，則他將來會更苦！我們要「有方法、有智慧」的管教孩子，要讓孩子「吃必要的苦，耐必要的勞」，也捨得讓他跌倒，則他才會勇敢爬起來，而且走得更英挺、更有自信！

當然媽媽的ＥＱ很重要。嚴格跟暴怒是不同的兩種態度，媽媽在教育孩子的時候，要謹慎尊重到孩子的自尊心，在教導時請保持心情的冷靜，有溫和的態度但絕對堅持標準，絕不妥協，但是不妥協並不是死不認錯，如果我們老是死不認錯，孩子就會變成我們的翻版，常常抓狂的媽媽就會有偏執狂的兒女。

太容易生氣的媽媽也將會使孩子有莫名的恐懼感。因為孩子不知道暴風雨何時將至，所以他們膽怯，不做不錯，常常還會讓整個事件的焦點變模糊了，以後孩子只是怕妳生氣，即使有犯了什麼錯誤，就更不肯承認，變成一味的欺騙。

花錢的行為也是一樣，媽媽總是省下自己的錢，然後通通給孩子花，孩子沒有任何金錢概念，沒有金錢概念，以後也不用理財了，因為錢太容易拿到了，玩具不會寶貝，東西不會分享，更多時候，都是壞了就買新的，感情也變得淡薄。

基於教育的源頭，對於理財的開始，我也希望媽媽能夠嚴格一點來開始，不要一天到晚說錢難賺，叫孩子賺一次就知道了，一次洗碗只有十元，想買新字典要洗八十次，想要買PS2要洗一千三百次，讓孩子想一想，就會讓孩子瞭解很多道理。

我們不能把每一個孩子都整理成一個框架，把他塞進去就完成了一切的規劃，包括教育、才藝以及我們現在討論的理財觀念等等，沒有一個孩子是一樣的，因此如果妳要討論孩子的理財，妳要跟孩子一起來學習這些歷程。

有一個預言故事：有人問老鷹：「妳為什麼到高空去教育妳的孩子？」老鷹回答說：「如果我貼著地面去教育它們，那它們長大了，哪有勇氣去接近太陽呢？」

給孩子一個比較嚴苛一點的理財環境，對他們是正面的。

女人私房話

1. 如何使妳的孩子成為『不幸的人』？那就是——對他『百依百順』！」
2. 嚴格跟暴怒是不同的兩種態度，媽媽在教育孩子的時候，要謹慎尊重到孩子的自尊心。
3. 太容易生氣的媽媽也將會使孩子有莫名的恐懼感。
4. 嚴格的理財教育對孩子有益。

我的家務有給職計劃

教孩子花錢容易，教孩子賺錢很難，不過兩年前，立法通過家務有給職之後，給我很大的啟示，當然對於家庭收入弱勢的一方，應該有一些收入，但是其實夫妻之間不太需要討論有給職的問題，有很多女性朋友還開玩笑的說：「以後做愛做的事也要論件計酬。」其實男生都知道「不要錢的，最貴！」因此有人結婚不收聘金，有人不拿老公的薪水，理由是「你請不起我！」這樣的女人說話才會大聲！

不過對於孩子的教育，我主張家務有給職的態度，有天，我跟孩子聊天，問他們想不想賺錢？兩個人都瞪大眼睛猛點頭，於是我們開了一個小會，決定了賺錢的方式與內容，以做家事來賺錢，包括洗碗、倒垃圾、洗球鞋等，每一件事都是十元。

實施的第一天，我就已經是一個快樂的媽媽，因為當我煮完飯的時候，威威就說：「媽媽，等一下我就來洗碗。」煮飯經驗超過十年的我，從來沒有這麼貼心的待遇，我發現在他想要洗碗（或者說想賺錢比較實際）的時候，他寫功課的速度正在加快中，跟他以前寫一個字需要上五次廁所、喝三次水、外加東張西望的態度相比，真是有如天壤之別！

果然，印證古人的俗諺「有錢能使鬼推磨」，威威把功課交到我手中，然後轉身到廚房開始洗碗，我的心裡當然七上八下，不知道會打破幾個碗，但是也很確信難免有洗碗精殘留的壓力，時間慢慢過去，廚房沒有傳出來特別大的聲響，我終於把注意力轉到看功課這邊來。

沒多久，他終於把碗洗好了，看到我驗收的眼光，他對我笑一笑，直說：「放心好了，我洗得很乾淨，因為全家人都要用這些碗啊！」我驚訝在錢之外，他真的很關心家人的衛生，不過我看了還是忍不住好笑，因為廚房的流理台已經呈現淹水狀況，我把水擦乾，把碗放進烘乾機裡，對他說：「今天錢賺到了，不過以後如果有機會應該要訂一個扣錢條款。」他也學爸爸的語氣：「這個以後再討論！」這一天，我很幸福的入睡，我想威威也擁著賺錢夢去睡。

第二天，老公跟我打賭，孩子不會繼續洗碗，我贏了，因為煮完飯，那一句貼心的話：「媽媽，等一下我就來洗碗」又很清楚悅耳的直達我的耳朵，我心想：贏了老公一千元的賭金，只需要付出十元，今天真是幸福的一天。

驚訝的是，今天的流理檯沒有積水，因為他已經學我，用抹布擦乾，把抹布晾好，再把碗放進烘乾機裡。

看到哥哥的賺錢行動，一直不敢要求洗碗的翰寶，看到垃圾多起來，也開始興奮了，一回家就預約，等一下倒垃圾要留給他，我欣然答應，在哥哥洗完碗時候，翰寶的功課也寫完了，正等著倒垃圾，回來時後來不及洗手，他已經拿著帳本寫著「十月二十三日十元」等著給我簽名了！

實行的第五天，翰寶想洗球鞋，結果發現很難洗，又發現鞋子一次要洗兩隻，應該算二十元，不能只算十元，我同意這樣的說法，也樂於答應。

以前他們總是夏天穿白布鞋、冬天穿黑布鞋，洗男生的球鞋真是一件痛苦的事，實在是太臭了，後來發現他們很喜歡洗球鞋，不是因為臭，而是因為錢比較好賺！

洗球鞋的失誤很多，例如水沒有瀝乾，球鞋三天三夜也不會乾，還有一次，肥皂沒有沖乾淨，下雨天時候，走著走著，球鞋就冒出泡泡，那一天，我沒有生氣，反而狂笑，大家都很快樂，也覺得那是一種美好的經驗。

在實施一個月之後，他們的生活有很大改變，包括寫功課的時間變短了，每天算錢，心算能力加強了，還有，他們也絞盡腦汁在盤算：有沒有機會增加賺錢的機會？

兄弟在睡覺時候，努力計劃，果然愛錢的翰寶拿出自己的優勢，跟我說，考一百分，得到甲上也都要算錢，尤其是很難得的「甲上加蘋果」要二十元，更難得的是「兩個人不吵架」也要十元，以他們兄弟近幾年的相處，每天不吵架根本是不能的事，但是他們有勇氣提出來，我也答應，而且跟他們商量，哥哥的難度較高，如果九十分或是甲也一樣的待遇，兩個人都答應了。

很多人聽到這樣的計劃，通常都會先質疑「以後孩子沒有錢就會叫不動了！」其實並不會，因為其中有許多細節，妳必須學會觀察跟體會，請妳先看我的過程。

女人私房話

1. 家務有給織的制度讓孩子更懂得為自己負責任，分擔家務。
2. 教孩子花錢不如教孩子賺錢。

球鞋的故事

因為洗兩隻球鞋可以賺二十元，我終於脫離洗臭球鞋的日子，但是也讓我想起來，在沒有實施家務有給職之前，兩個孩子對於一雙臭球鞋，就有很明顯不同的處理態度。

對於威威的一雙臭球鞋，因為臭也因為旁邊已經磨的快見底了，我把它拿去丟掉，後來威威去倒垃圾回來，看見了，又把它撿回來，我說「快壞了，怎麼又撿回來？」威威笑著說「掃墓的時候不是要穿爛鞋子？」（因為掃墓時候都會有爛泥巴，我們都是穿爛鞋，回來直接丟掉），這點顯然威威已經學到而且內化到生活的處理。

翰寶就不一樣了，我們在整理鞋子時候，他忽然說：「ㄡ！這雙鞋子太臭了，媽媽趕快拿去丟掉！」我真的覺得好笑，一個孩子是爛鞋不肯丟，一個是臭鞋就要丟，兩個人的個性差很多。

我很慶幸自己去實施家務有給職，讓孩子知道分攤家務，也知道自己可以賺錢，而賺錢就是「把一件事情做得很好」，所以，我會警示他們做不好要扣錢，但是也還沒有真正實施，畢竟在施行的初期，孩子需要很多的鼓勵，太多的規定跟指責都會讓他們沒有信心。

對於老公也是一樣，女人都希望老公能夠分擔家事、當新好男人，但是當老公開始幫忙的時候，一會嫌他「連洗菜都不會」，一會兒說「拿掃把跟划龍舟一樣」、要不就說老公煮的菜像「ㄆㄨㄣ」一樣，這樣的女人，老公永遠不會有新好男人的願望，其實鼓勵跟讚美就是轉移家事的最佳催化劑，每天鼓勵老公「好棒！」以及謝謝「老公賜我豐富的一餐」，妳就可以省下很多做家事的力氣，記住嘴巴甜一點，事情就會少一點。

在孩子方面，沒有人規定幾歲才可以洗碗或是分擔其他的家事，看妳要不要給他機會學習，他們學習的不只是洗碗，還有全家人的衛生健康（因為碗還要用，不能洗不乾淨），他們也要學習責任的分攤，因為這不是媽媽一個人的責任。

此外，他們也要練習自己有哪些優勢，可以幫自己輕鬆賺錢，例如碗洗久了，就會發現乾脆字寫好一點，因為反正要寫，就寫好一點，這樣還可以多賺錢，這是態度的問題，態度決定命運，這並不是空話，態度嚴謹的人、認真的人可以做很多各種醫師、會計師、律師等「師」字輩較嚴謹以及精密的工作，態度鬆散的人就要做創意設計的工作，由孩子的賺錢態度，妳會更清楚的導引他們到哪一種工作領域。

孩子需要引導，我有一個前不久才發生的例子，每年，我都會送孩子去參加人本基金會的營隊，他們營隊辦得非常好，第一次參加時候，我去接小孩，簡直嚇壞了，七天前我送去是一個白淨的小男生，七天候，回來一個黝黑的小乞丐，全身髒兮兮不說，連鞋子都爛了，原本是兩條帶子的涼鞋，因為斷掉，他自己用繩子綁了七八條，但是他很得意，因為第一天就斷了，後來自己修理之後，竟然可以用到現在！

我發現在營隊裡，根本不可能去買新的涼鞋，不過孩子能夠自己解決能力的態度與方法，讓我很驕傲，至於他七天沒洗澡，因為天氣變冷了，水溫不夠，所以他選擇不洗澡、用毛巾擦，我也是很高興孩子出去一趟就會照顧自己。

第二次再去營隊，我又發現孩子不同的成長，營隊的大姐姐跟我說，這一次，他們設計了一個賺錢的方式，營隊不能帶錢，也不能帶零食，不過有一個晚上的活動是：想辦法賺錢，賺的錢是指「小獵犬幣」，不是真的錢，而是象徵營隊精神的棋子，賺了錢之後，可以去跟大姐姐換想吃的零食。

以前辦這樣的活動，通常會有三個方式出現，大多數的小朋友，會把自己不需要的東西拿出來賣，自己組成跳蚤市場，另外一些小朋友會就地取材，去採野花、用草編織動物或是笛子，或者彩繪石頭來賣，有一小撮的人是不參加，打定主意不想換任何東西，因為人本團隊的基本精神就是尊重孩子的選擇，所以如果不參加，也不會勉強。

這一次，帶領營隊的大姐姐發現有新的賺錢方式，而且是威威自創的！威威發現一種新的賺錢方式，就是替大家按摩！他不用賣東西，但是可以靠自己的按摩技巧賺了不少錢，也贏得很多的稱讚。讓我驕傲的是，孩子找到自己的出口，在很多時候，我們不能在孩子的身邊，幫他出主意，我們的目的就是希望他能夠找到生存的利基，我發現我的孩子漸漸找到利基，妳的呢？

印象很深的是，在波斯灣戰爭時候，我還在報社上班，總編輯嘟嚷了一句話：「一樣是記者，有人不懂阿拉伯語，還寫出好報導來，怎麼有白痴記者在南部說找不到電話線發稿？」這就是人的差異，有的人儘管在台灣的某處，因為電話線找不到就沒有辦法發稿，有的則是深入世界各地發稿，他們的方法不一定，有的跟國外通訊社合作，有的找懂中文的學生當翻譯，有時候大陸的留學生還有便宜又好用的優勢，總之，每個人都有方法，目的就是——要交出像樣的稿子來！

長期以往，我們都太愛自己的孩子，越來越不知道怎樣教導孩子，我自己也常有這樣的疑慮，管太多，孩子過於膽怯，沒有開創性，管的太少，孩子又像風箏一樣，萬一變壞，抓也抓不回來！很多時候，我們的孩子都是生活白痴，不知道餓飽，不知道冷熱，不會繫鞋帶，不會關心家人，我常想，孩子以後會在哪裡成長？其實很難預料，是在台灣還是在矽谷？是在中國大陸還是在美國？沒有人知道？我只知道要培養他尋找生活出口的能力。

女人私房話

1. 每天鼓勵老公「好棒！」或謝謝老公賜我豐富的一餐」，妳就可以省下很多做家事的力氣。
2. 管太多，孩子過於膽怯，沒有開創性，管的太少，孩子又像風箏一樣，萬一變壞，抓也抓不回來！

垃圾的故事

實施家務有給職一段時間之後，我的領悟越來越多，翰寶倒垃圾的做法，又讓我看到一個生命的出口！

住在公寓大廈，最大的好處就是倒垃圾只要到地下室就可以完成，因此倒垃圾也成為所有的有給職當中最好賺的一項，兄弟兩人往往就會因為互相爭著要倒垃圾，違反「不吵架原則」，所以「失之東隅，收之桑榆」的大戲，最常在我家出現。

兄弟兩人倒垃圾，有很大的不同，威威總是秉持單一認定，一個垃圾桶就是一個垃圾袋，有時候，爸爸出面幫忙，會把家中兩個垃圾桶倒在一個袋子理，威威總會喃喃自語「越幫越忙」，因為爸爸節省了一個垃圾袋，就會讓他少賺十元，這點，威威總是逆來順受，認了！

翰寶就不一樣，有一次家裡大掃除，我特別拿個大型塑膠袋，好不容易裝滿之後，卻發現我家翰寶獨自進行分類動作，把一大包分成三小包，那一天，哥哥一直以「炸包」攻擊他，不過他那一天賺了三十元，心情好得不得了，沒有跟哥哥計較。

跟老公談起這件事的時候，我們都承認，兩個孩子的個性其實差很多，面對自己的荷包考驗的時候，更是各展本領，我發現每個人都可以用自己的方式找到自己的出路。

我記得以前我常坐捷運帶孩子去淡水玩，由新店上車，通常可以一路坐到淡水，十分舒適又愜意，等到要從淡水回新店時候，總是精疲力竭，而且淡水車站大排長龍，我們乖乖排隊，根本不可能有位子坐，有很多人都插隊，其中也包括我家的「炸包」，依照我以前的個性，已經對這樣的舉動大家韃伐，不僅是自己的孩子，連別人家的孩子我也會罵進去，不過現在的我，觀感很不同，我不能叫老大去插隊，也不會遏止老二的行動，尤其等到老大累到搖搖擺擺時候，我的內心掙扎更大。

也許現在只是座位之爭，我看得很開，可以睜一隻眼、閉一隻眼，我無力去改變社會上種種奇怪的事，只好讓孩子具備一點生存的本領，這個時候，媽媽想要開罵之前，不妨先冷靜下來，因為不同的孩子會有不同的出口。

記得孩子還小的時候，我常去信誼基金會聽演講，當時收穫很大的一個理論就是「不要輕易對孩子說不可以、不准、不行」，這樣的孩子會缺乏探索的精神，也會讓孩子對所有新鮮的嘗試都失去信心，用在現在多元又紊亂的社會中，我覺得是媽媽們很好的一個借鏡，說「不」之前，先冷眼而且冷靜來觀察孩子。

因為常常克制自己說不，所以當翰寶把垃圾一分為三的時候，我並沒有斥責他，起碼太大包會拿不動，如果用拖的，還會把垃圾帶拖破，得不償失，分成三包，可以多賺錢、少出力，倒也是一種好方法！

我想依照個性觀察，威威大概就是賺薪水錢，很固定，翰寶的空間或許比哥哥大一些，但這如果加上球鞋觀察，哥哥會比較省錢，弟弟會比較浪費，不過，將來的理財成就，現在還沒有辦法高下立判！

女人私房話

1. 不要輕易對孩子說不可以、不准、不行。
2. 每個孩子個性不同，所以理財觀念沒有一定的標準。

星期天不收錢

不管是不是實施家務有給職，我在星期天的工作量，並沒有因此而減少，在星期天，家庭人手是變多了，但是大家也變懶了，而且垃圾製造量也多了，我更累了！

所幸我的累卻也間接證實很多人的懷疑！就在大家都懷疑我用金錢「引誘孩子做家事」的時候，常常會讓孩子過於物慾，如果沒有錢，就會叫不動孩子，事實上，並沒有！因為我喊累之後，孩子還是說：「媽媽，等一下我來洗碗。」老公沒好氣的說，錢鬼來了！不過威威卻是靦腆的說：「星期天不收錢啦！」。

「星期天不收錢啦！」這句話就像是一劑強心針，振奮我實施家務有給職以來的一切信心！在孩子心目中，不是只有錢，他們也看到我的累，他們願意站出來幫忙，誰說家務有給職就是物欲的做法。

就像很多政策都是好的，但是實施的不對就會全盤皆輸，以前有一種教育方式叫「蒙特梭利教育法」，教育理念是觀察與探索，他們把孩子放在一個空間中，由老師近距離的觀察並且做紀錄，瞭解孩子的學習模式，後來很多學校都叫「蒙特梭利」，其實只是多擺一些大球讓孩子玩一玩而已，基本精神並沒有受到重視。

實施家務有給職，基本精神就是讓孩子知道錢的概念，方法跟內容都要邊走邊修正，例如一開始，我並不希望由課業成績下手，因為這樣會讓孩子以為他是為妳讀書、寫字，我寧願從分擔家務勞動著手，起碼是對家庭有付出的感覺，分擔家裡的工作，我覺得有分享的意義也有分擔的責任，媽媽可以在給孩子記帳的同時，也要向家人宣揚一下，例如「謝謝威威洗碗，讓大家都有乾淨的碗吃飯。」畢竟榮譽感也高於價值。

實施之後，更要密切觀察孩子的處事方式，先觀察不要下評斷，如果有很大的偏差時，再來做調整，例如，我的孩子除了我訂的家務有給職之外，兄弟也會用錢交易，有一次，弟弟要色紙跟哥哥借一張，哥哥也索價十元，讓愛錢的弟弟忍不住哭起來，我就必須阻止這樣的交易，因為我必須告訴他：下一次如果你有需要時候，弟弟也會這麼做，你該怎麼辦？如果有一天，媽媽煮飯也要跟你要錢的時候，你又該怎麼辦？

孩子其實自己都會思考，並不需要嘮叨唸，以前我不喜歡聽媽媽嘮叨，因為第一句開始一定是：「以前我們都是吃地瓜籤長大，哪像妳現在，人在福中不知福。」這些開場白我都會背了，也沒影響我的消費觀，所以現在的我總覺得，讓孩子自己去想，去解決問題，將心比心、設身處地的為他人著想，他們就會很清楚的思考，觀念和思考都是影響一輩子的事，一定要自己深信不疑，靠別人硬灌是達不到效果的。

不管怎麼說，愛錢是好事，總比拿錢不當錢好的多，但是除了錢之外，「愛」是買不到的，我相信孩子是為了愛我，所以忍住不拿錢，我也要讓他們學會互相幫助以維繫兄弟之間的感情，這是我下一步需要引導他們的功課，妳一定要跟我一樣，邊實施政策然後邊觀察，替自己跟孩子都找到一條正確而且通透的理財大道。

女人私房話

教育孩子要邊做邊修正，重視的是基本精神而非固定的方法。

PART

5 創造女人的美麗人生

* 投資是致富的一種策略，需要有完整的規劃與瞭解。

* 女人可要學習J.K.羅琳積極進取的人生態度，因為態度決定妳的人生！

* 省一分錢就是賺一分錢，日積月累下來，必然可觀。

* 理財是一種習慣，唯有自己領悟到了，開始做了，妳就會發現不同的人生。

* 只要對生命的熱情還在，妳的機會就在，妳的人生還是會有新的光彩！

* 在還沒看到薪水前就自動存起來，「妳看不到錢，就不會亂花」，這種「自動」強迫儲蓄，是巴哈致富論主軸，也是「自動」成為富翁關鍵。

* 理財觀也是這麼簡單，先把自己的財務整理好，然後找出可以節省下來的錢，來做一些投資。

* 太多人生的意外，如果沒有理財的規劃，會毀了自己的一生。

* 年輕的時候，拚命拿身體去賺錢，到老的時候，反而是拿賺的錢去顧身體，這說明健康的重要，這樣的觀念很弔詭。

* 活的時候沒錢花，很難過，死的時候，錢沒花完，更是遺憾，這就是理財的重要性。

比爾・蓋茲也是省小錢

很多人都會拿比爾・蓋茲來開玩笑，我記憶很深的一個笑話是，有一次：當比爾・蓋茲必須離開人世的時候，上帝為了他在人世間的貢獻，特別禮遇他，讓他參觀天堂跟地獄的差別，他先到天堂，發現風和日麗，大家平和交談，感覺祥和，到了地獄卻發現有沙灘、有比基尼女郎，到處都是笑聲，比爾・蓋茲立刻決定要留在「地獄」，上帝很疑惑，不過還是尊重他的決定。隔一天，當比爾・蓋茲報到時候，卻發現到處都是孤魂野鬼、哀聲遍野，比爾・蓋茲立刻問上帝：「怎麼跟昨天看到的不一樣？」上帝恍然大悟說：「昨天的畫面是螢幕保護程式，你做電腦這麼久，難道不知道？」

還有人形容蓋茲如果在路上掉了一張千元大鈔，他不會浪費時間去撿，因為在他彎下腰的四秒鐘內，已經把這一千元美金賺回來了。不過實際上蓋茲有一次和朋友去希爾頓飯店，友人建議把車停在飯店的貴賓車位，蓋茲堅持：「他們超值收費，要花十二美元，這可不是好價錢。」這說明了儘管是小錢，也要把每一分錢發揮最大的效用。

只要提到微軟創辦人比爾・蓋茲，讓人最先想到的常常就是「錢、錢、錢」！的確，比爾蓋茲已經七度成為富比士雜誌的全球富豪榜首，從他大三離開哈佛大學打造微軟帝國開始、到現在富可敵國的經歷，儼然已成為白手起家的最佳典範。

提起比爾・蓋茲的兩則故事，讓我很有感觸，一個就是「開源」的部分，我們可能沒有蓋茲的本事，不過既然世界首富都懂得在生活上節流，其他人應該更不困難，尤其是月光族，若能盡量每月存下一點資金，為未來的財富累積打底，如果能讓錢發揮更大的效用，也就實現理財的基本精神。

當然「螢幕保護程式」的故事，也讓我們體認深刻，很多人以為投資就是致富的保證，事實上，投資是致富的一種策略，需要有完整的規劃與瞭解，大多數的人總是看到「共同基金能夠讓你一年賺十五％，就信以為真」，還有人以為一年股市只要賺個兩成並非難事，於是投資呈現出只賺不賠的美麗畫面，就像給投資人一面螢幕保護程式一樣，連比爾·蓋茲都會上當，一般人也難以避免，因此，我希望女人們看到這篇文章之後，對於投資會有不同的想法，絕對不要盲目聽取資訊。

女人私房話

投資是致富的一種策略，需要有完整的規劃與瞭解。

羅琳二度就業魔法

對於很多失婚婦女，我常常不知道應該如何安慰他們，因為她們有的還在職場工作，但是還要顧及小孩的問題，有的已經脫離職場很久，更需要的是面臨二度就業的壓力，她們是社會上的弱勢族群，也是新貧族的中堅份子，不過，當哈利波特的書風靡全世界之後，我有很大的信心，不是受到魔法的催眠，而是受到羅琳的鼓舞！

J.K.羅琳不只是哈利波特的創造者，她本人更是極富傳奇色彩。她曾經失婚、一貧如洗，但是她沒有放棄她的夢想，很多人會在某一家咖啡廳裡，暗自啜泣，但是她並沒有被打倒，決定拿筆開始寫作，奮力抗爭，終於擺脫困境，創造一個罕見的成功故事，她的書狂賣，如今她的財富不僅超過英國女王伊麗莎白二世，更成為全英國最富有的女人。

現在的羅琳又結婚了，我想她是幸福的，因為有了錢，又有了男人，夫復何求？我在想，如果她不寫哈利波特，寫她的傳奇人生也會有很好的票房！

哈利波特已經注定在現代出版史上留下最傳奇的一頁，至今全球兩億冊的輝煌銷售數字，使它成為聖經和毛語錄以來最暢銷的作品。這本書的作者**J.K.**羅琳（**Joanne Kathleen Rowling**），彷彿對全球讀者施了神奇魔咒！

星期日泰晤士報每年公布的「英國前五百大收入最高的富豪」年度排行榜中，羅琳連續兩年當選為收入最高的女性，光是最新出版的哈利波特第五集「鳳凰會的密令」就為她帶來了七千五百萬英鎊的版稅進帳，不僅如此，從電影票房以及其他哈利波特周邊產品中，也獲得十分可觀的商業收益。

誰都難預料，羅琳一度背負著單親媽媽經濟窘困的壓力，但秉持著對寫作的激情，成就了一部舉世驚人的鉅作，同時改寫了她整個人生。如今的她不僅擁有財富，更願意把財富施予需要幫助的人，她的第一次慈善捐款活動，即捐贈了五十萬英鎊給總部設在倫敦的全國單親協會，並同時答應擔任該協會的親善大使。

不可諱言地，婚姻確實是人生重要的一個旅程，但面臨婚姻觸礁卻不意味人生從此走向黑暗，單親家庭的父母雖然不見得都能夠成為億萬富豪，卻可要學習羅琳積極進取的人生態度，因為態度決定妳的人生！

當然，羅琳的個案，只能給失婚族一種安慰、一種動力，卻無法成為一種保證，就像國內有很多的名作家，銷量以及知名度也無法達到羅琳的階段，更何況是一般人，不過只要對於生命的熱情還在，妳的機會依然在，妳的人生還是會有新的光彩！

我記得有一位單親媽媽，很會做紙雕，只要有月曆紙到她手上，任何天上飛的、地上跑的動物都會栩栩如生的出現，以前她試著拿紙雕去擺攤位，不過生意不好，對她的打擊很大，後來我給她出一個餿主意，因為我覺得現代人對擺飾的要求多，紙雕再精美，還是紙做的，超過一百元，大家就嫌貴，因此我建議她，與其去賣，不如轉為教學，教大家紙雕，可以收學費，比擺路邊攤實際多了，後來聽說她去社區大學教紙雕，大家都很喜歡她，我已經感覺出來，她已經開始自己的新人生了！

有很多的失婚族並不是因為突然的離異，而是因為另一半的年紀大了、生病了，所以先辭世，對於這樣的族群，我更是建議每個人平時一定要做好金錢管理，大家都能提早建立一個妥善的退休理財規劃，成為經濟上獨立自主的個體，物質生活將不虞匱乏，即使單親家庭也可以繼續有一個較為健全的環境。

女人私房話

女人可要學習羅琳積極進取的人生態度，遇到任何困難都不退縮，因為態度決定妳的人生！

巴哈致富啟示

大衛巴哈（David Bach）是美國當前最紅的理財大師，其實，巴哈三十七歲的時候，就已經是理財大師，據他說，他七歲就在祖母指點下，買進他最愛的麥當勞連鎖速食股票；九歲買迪士尼股票；他老爸是當了四十年的財務顧問，耳濡目染下，巴哈很小的時候，就參加理財討論會，還面授機宜親友如何買地方政府公債，妳認為巴哈是天縱英才的理財大師嗎？其實並不是。

當然，巴哈還是有財經的背景，他進南加大專修財金，同時還在券商公司打工，畢業後加入摩根史坦利，做到資深副總裁，後來出來自立門戶，創立巴哈金融財務公司，最顛峰時旗下有五億美元資金，他當財務顧問時，深感一般美國民眾財經知識貧乏，有錢人也如此，只會花錢，不會用錢，不知如何驅使錢來幫你賺錢，這觸發他出書傳授理念，他已經在二〇〇一年退休，專寫理財書、飛往各地主持理財討論會、推銷他的為富祕訣。

很多人好奇巴哈的為富訣竅是什麼，為什麼美國民眾趨之若鶩，其實，巴哈沒有提出高深理論，他的理財建議大都是大家一直忽略的「常識」，當然有人說「最大的祕訣，就是沒有祕訣。」也是巴哈的傳奇。

在他熱賣的新書中，提出不少個理財致富的竅門，如每月薪資在付各項帳單前，應強迫自己至少提出十%以上，利用銀行自動轉帳方式，在薪水還未到手前即自動儲蓄或投資，放在退休金帳戶或共同基金；他強調用銀行自動轉帳方式，在還沒看到薪水前就自動存起來，是由於「你看不到錢，就不會亂花」，這種「自動」強迫儲蓄，是巴哈致富論主軸，也是「自動」成為富翁關鍵。

巴哈也提出一種稱為「**Latte factor**」，指一般美國人常亂花錢於點心、咖啡等小吃，以此為例，他建議應節省日常生活不必要的支出以免糊里糊塗花掉的各種小開支，畢竟「省一分錢就是賺一分錢」，日積月累下來，必然可觀；巴哈也建議，要成為有屋族，是致富佳徑，沒有富翁是租房子住的，至於付房貸也要更積極，可從每月付一次改為每半月付一次，這樣可提前數年繳清房貸。

其實，理財真的就是要把小錢變大錢，即使是每天一杯咖啡這樣的小額消費，每天不到一百元，日積月累下來，算算，十年竟要花上三十二萬元的代價，但如果將每年省下的三二四〇〇元，都拿來投資到報酬率五％的理財工具上，十年共可獲利四十萬七五二四元，一來一往之間，每天一杯咖啡所付出的代價，十年下來不只是三十二萬元，而是至少七十二萬元。

或許剛開始妳會認為這些都是生活必要開銷，但累積下來卻是無法想像的大錢。在忙碌又不安全的現代社會中，人人都急於賺錢，無非是為了能提前退休，提早過心目中的理想生活。如果大家能節制消費、降低欲望，同時又把這筆錢有效運用在適當的理財工具上，就能達到小錢變大同時加速提早退休的夢想。

坦白說，巴哈這些「致富祕訣」，可以說是老生常談，但歐美都如此受用，主要的關鍵因素就是這些「祕訣」非常「務實」，不是高調，更沒大理論，而是每個人都可身體力行、且能立即顯示成效的建議；尤其這些「祕訣」都正中一般消費者痛處，一針見血，讓大家都沒話說；現在巴哈受歡迎的程度已經直逼著名投資大師巴菲特，甚至有超越的跡象，其實像巴哈的建議，還有我們之前一直談的讓小錢變大的省錢方法，如果妳能夠痛下決心，開始儲蓄不該花的錢，妳也會有自己的致富傳奇。

女人私房話

省一分錢就是賺一分錢，日積月累下來，必然可觀。

減肥跟理財

不管妳怎麼想，理財跟減肥是八竿子也打不到一塊去，不過再仔細的玩味，妳會發現兩邊的道理是相通的。

妳有沒有減肥的經驗?運動、藥物、針灸還是塗塗抹抹?不管妳是一天吃兩餐，還是三餐蘋果餐，做瑜珈還是上健身房，大概都有想瘦或是想更瘦一點的念頭，女人窮其一輩子都在跟肥胖奮鬥，很少聽到女人不減肥的。

我以前也試過各式各樣的減肥方法，嚴格說起來都很有效，但是復胖的速度也很快，我很快就悟出道理了，想要減肥只有兩種方法，那就是少吃、多運動，如此而已，靠藥物或是其他方法減肥跟復胖的速度是一樣的快。

不管妳在市面上看到、聽到或是書上寫的方式，其實就是讓妳動起來，有了運動加上少吃，妳雖然會瘦的很慢但是很健康。

長期以來，我想要說的理財觀也是這麼簡單，先把自己的財務整理好，然後找出可以節省下來的錢，來做一些投資，就是這樣，但是其中還有很多因人而異的條件，我的好友蕙仙跟我推廣晚上不要吃，只吃一粒蘋果，然後每天爬山一小時，她的身材沒話說，結果我問她：「不會餓嗎？」她回答的好：「習慣就好。」

我想到有很多人問我，理財很麻煩，起碼每天要記帳，我還希望不管是個人或是家庭都要維持記帳一年以上的時間，因為一年中有許多額外的支出跟收入，例如保險支出、房屋、汽車稅金，當然也會有年終獎金等，通常一年下來之後，可以瞭解家中的支出情形，妳要問我很麻煩嗎？我想答案是一樣的，習慣就好。

記帳之後，就要有行動，就像減肥除了少吃，也要有運動的習慣，但是每個人的習慣不同，我有一個朋友靠搖呼啦圈就受了八公斤，害我也去買一個呼啦圈，結果我一圈也搖不起來，如果這樣，我就放棄想瘦的機會，豈不是太笨了？

每個人都有運動的習慣，例如我喜歡掂腳走路，喜歡爬山，但是無法快跑一千公里，也無法在健身房跑上一小時，當然更無法搖呼啦圈，理財也是一種習慣，有人喜歡保守一點的，有人喜歡富貴險中求的刺激，這種經驗不能複製更無法一一適用，唯有自己領悟到了，開始做了，妳就會發現不同的人生。

以前，我總以為我已經嫁人了，而且是兩個孩子的媽，體重沒到三位數字，就算老天厚愛了，每次偷偷量體重，都怕被別人看到，不過精明的老公總是說：「聽到磅秤唰一聲，就知道體重一定嚇死人！」果然，自欺欺人不是好辦法，早早覺悟去減肥，現在有很多女人都知道減肥的好處，就是沒有覺悟要好好理財來讓自己有不同的人生。

我並不想像以前的保險經紀人一樣，每次都拿人生的「萬一」來恐嚇大家要有保險的觀念，但是理財的觀念其實就是拿出「一萬」來賭人生的「萬一」，也就是每個月能夠存個五千元或是一萬元，只要找對正確的報酬率進行投資，妳就不會有後顧之憂，不要說現在的社會多亂、福利制度差等等藉口，還有人說找男人不如養隻狗忠心，其實我看過太多人生的意外，很多夫妻並不能白頭到老，如果沒有理財的規劃，妳不但毀了自己的一生，也會因為沒有把理財觀傳給孩子，更加懊悔不已。

女人私房話

理財是一種習慣，唯有自己領悟到了，開始做了，妳就會發現不同的人生。

打造自己的傳奇

不久前，朋友寄來一封電子郵件，大嘆人要多少錢過活，我看了以後，快要笑出眼淚，不過也發現，其實作者沒有將理財所得列入計算，因此才會有這樣悲慘的人生。

這個悲慘故事，也提供給妳笑一下：

什麼是夠用的錢：

講到夠用的錢，就必須算一下，我們到底要多少錢才算是夠用，讓我們把這輩子要花多少錢來算一下。如果從現在開始工作30年的話，我們需要什麼呢？

1. 房子：在台北縣市買一棟房子，包括裝潢需要多少錢？500萬會不會太多？不夠吧！！好吧！忍耐一下吧！換算成租金大約是1.5萬／月×12個月×30年＝540萬元。

2. 車子：買一輛還算安全的車子，50萬一輛應該不會太過份吧？這輛車讓你開六年，應該要換了吧，三十年你需要換五部車。所以是50萬×5＝250萬元。

3. 孩子：你想生幾個孩子呢？兩個可以吧。中國時報曾經報導，培養一個孩子到大學畢業，大約需要1500萬元，不包括留學，像到哈佛唸書一年要400萬元。所以你需要準備的教育費是1,500×2＝3,000萬元。

4. 孝順父母：一個月給爸爸媽媽每人5000元，會不會太多，如果結婚後，只供養一方的父母十年(假設他們有退休金)，你要孝順父母的錢大約是：5,000×2人×12個月×10年＝120萬元。

5. 家庭開支：一家四口，每個月家用花費算三萬，差不多吧，買菜、水電、瓦斯、交通、電話費、紅白炸彈等等。30,000 × 12 個月 × 30 年＝ 1,080 萬元。

6. 中華民國萬萬稅：房屋稅、牌照稅、營業稅、所得稅、燃料稅。一年繳下來，2 萬跑不掉。2 萬× 30 年 =60 萬。

7. 休閒生活：一年的休閒費用約多少，看電影、放假的旅行、郊遊等，一年花五萬元，應該不會太土匪吧？50,000 × 30 年＝ 150 萬元。

8. 退休金：如果你 50 歲退休，可以再活十五年，每個月和你的老伴用 1 萬元過日子，夠省了吧？10,000 × 12 個月× 15 年＝ 180 萬元。但是老年人醫療費用一個月預計 5000 ，還不包括大病喔！ 5,000 × 12 個月× 15 年＝ 90 萬元。

9. 喪葬費：你總不希望自己草蓆包一包吧？台北縣一個最起碼的墓地約 40 萬起價。公立靈骨塔 3 萬起，但不容易有位子，一般等級的6萬。而基本的喪葬費：殯儀館約10萬。6+10=16萬元，別把你另一半丟了16×2=32萬。

現在我們來算一算總共需要多少錢？

安全存款 200 萬元

房子 540 萬元

車子 250 萬元

孩子 3,000 萬元

父母 120 萬元

家用 1,080 萬元

繳稅 60 萬元

休閒 150 萬元

晚年 270 萬元

喪葬 32 萬元

總計 5,702 萬元

仔細看看有沒有錯？

換句話說，你每個月要有 15 萬 8 千多元的收入，才夠一輩子花用了。

有沒有搞錯啊，每個月十五萬八千多元？

是啊，是這樣算的：

5,702 萬元 ÷ 30 年 ÷ 12 個月＝158,388 元

怎麼可能一個月有十五萬的收入，不要說十五萬，就算一半八萬也很難？

沒錯，行政院主計處調查，台灣地區的上班族平均一個月的月薪是 3.5 萬元，換句話說，一年的收入是 40 萬元，三十年的收入是：3.5 萬／月 × 12 個月 × 30 年＝1,260 萬元

如果是夫妻一起賺 1,260 × 2 ＝ 2,520 萬元

那麼你還差 5,702 萬－2,520 萬＝3,182 萬元

還差這麼多，怎麼補救呢？

3,182 萬元÷30 年÷12 個月＝8 萬 8,000 元（只要每個月再增加這麼多就好）

3,182 萬－3,000 萬＝182 萬元÷30 年÷12 個月≒5,000 元

（決定不養兩個小孩，當頂客族後，每個月還需增加五千元）

3,182 萬－（3,000 萬＋150 萬元）＝32 萬元

只能這樣算下去了！不養兩個小孩，當頂客族拒絕休閒後，還差 32 萬元

剛剛算的金額，可以仔細看一看，並不是非常好的生活！只是還過得去而已，並不能算是很滿意的，看看安安份份、平平凡凡的日子罷了，就需要這麼多錢耶。

如果你平生無大志，只求六十分，這剛好是六十分，它是人生起碼的生活標準，如果你沒有特別的夢想，那你從現在開始努力去賺足 5,702 萬元吧。

看完後不要想放棄，想自我了斷喔～～

你得要先籌到自己的十六萬元喪葬費。你家住幾樓？借我跳一下！

妳是不是也笑出眼淚了，其實，這樣的人生財務規劃還是戲謔的成分居多，如果你要打造自己的傳奇，有幾點妳一定要堅持，而且現在就開始：

1. 先存錢後享受

對於宿命的人來說，人一輩子有多少錢可以花，總認為寧願後面一點來享受，因為前面還有本錢，包括年輕貌美、老公可靠、孩子孝順等，要「財」貌雙全的人生，並不難，但是如果缺少規劃，老年時候，人財兩失，才是悲劇，當然，對於愛買一族的人來說，東西越看越挑，越後面買的東西越好，這是品味也是財力累積後果，無論從哪個角度來說，還是後享受划算。

2. 找到賺錢的熱情

賺錢也是要有熱情的，很多人專注於減肥、孩子教養、婚姻諮詢、個人成長等，都有很多很好的講座或是書籍供參考，唯獨，大家對於理財不是有憂鬱症就是冷感，能不碰就不理，一點熱情也沒有，即使勉為其難的參與，也沒有好的成績，我只能說，當妳花一個月的薪水買一個皮包，妳會痛到心裡，如果是股票漲停板去買個皮包，妳會爽死，這就是差異。

不管是淡薄或是虛榮的人生，一定都有生老病死四大階段，找到賺錢的熱情，更能維持這四大階段的尊嚴。

3. 找出品味，累積財富

很多人的品味是財富累積出來的，畢竟一流的世界級大師作品，有著極高的設計水準，因此很多人花大錢買名師的衣服、皮包、鞋子、鑽飾等等，把自己打扮的像流行時尚的模特兒，其實一點也不像自己，而且花大錢打造的品味，容易複製就會不堪一擊。

我希望大家都能夠不用花大錢，就能找出自己的品味，特別是把省來的錢做財富的累積以及投資，妳會發現，把三十個包包拿去二手店販賣，也換不了一支鑽錶，但是克制十個包包的慾望，進行聰明的投資，就會有鑽表級的閃亮人生，而我一直推薦的「Mix&Match」，妳不妨在家多玩一玩，會是很好的品味訓練，更重要的是有很大的省錢效果。

4. 傳承理財觀而不只是錢

對於下一代來說，傳承財富容易，反正，這輩子妳拚命賺錢，就會有車子、房子、金子等等的財富留給孩子，畢竟在人生的理財規劃上，財富傳承也是重要的使命，不過，我卻建議，寧願傳承的是理財觀，因為一輩子都受用，不是只留錢給下一代，留再多的錢也會有花光的一天，我寧願看到孩子惜物愛物，懂得金錢的價值，懂得用自己的努力跟創意去賺到錢，這樣的價值比留錢給他們要受用。

女人私房話

人生一輩子，可長可短，可富貴可安貧樂道，尤其人生也有很多的吊詭，例如，很多人說，年輕的時候，拚命拿身體去賺錢，到老的時候，反而是拿賺的錢去顧身體，說明健康的重要，在錢方面，也有人說，活的時候沒錢花，很難過，死的時候，錢沒花完，更是遺憾，這就是理財的重要性，尤其是女人更要實踐。

附錄一：女性保險比較一覽表

種類 / 給付項目	安泰 女性終身壽險	安盛國衛 女性保險	國華 新女性 終身壽險	遠雄 新薔薇女性 終身保險	幸福 女人終身壽險
身故 全殘	保額x100%	保額x100%	繳費期間2倍 繳費期滿100%	保額x100%	保額x100%
繳費 期滿	A型：100% B型： 50%	30% 以後每3 年0.3%	第2年 5%第5年 10%滿期100%	所繳保費	第3年1%第6 年2%以後每3 年3%
生育 給付	A型：2 % B型：1 %	1%		1%	1%
關懷金	45 20% 扣除已領生育 給付	第10年5%扣 除已領生育 給付		第10年未 生育5%	
妊娠其醫 療	子宮外孕1% 子癇症2%	子宮外孕1% 妊娠毒血2%		子癇(前)症 子宮外孕1%妊 娠毒血症2%	
紅斑性 狼瘡	20%	20%		20%	
特定婦科 手術	0.5%~5%(25項) 保障終身	按比例至75年	前2年5% 至75年10%	乳房重建手 術，一側2.5% 最高共5%	5%第2年剖 腹1%
嬰兒先天 重大疾病	1.90前發現 先領15% 90天後 仍生存在領15% 2.90天後發 生~7歲30%(50 項)	1.90前發現 現先領10% 90 天仍生存 在領10% 2.90後發 生~7歲20%		1.90天前發現 先領10% 90天 候仍生存在 領10% 2.90後發 生~7歲20%(9 類23項)	20%
保費	25歲女100萬20 年期 A型:69900 B型：47400		25歲女100萬20 年期年 繳67530	25歲女100萬20 年期年 繳38100	30歲女100萬 20年期年繳 28200
特殊 項目	懷孕週數不滿 十二週始得承 保，且不得加以 批註。	95歲壽金		乳房重建每 側2.5萬早產 而醫療每日1 千	流產1% 不孕 症醫療最高10 萬

附錄二：Baby 險一覽表

	安泰 女性終身壽險	紐約人壽 幼兒安親還本保險	三商人壽 婦女與嬰兒保險
身故 全殘	媽媽： 保額x100%	Baby：退還已繳保費 (含流產)	媽媽：保額100*% baby：退還已繳保費 (含流產，死產)
繳費期滿	A 型：100% B 型：50%	8 年領回總繳保費 (年繳化)	
生育給付	A 型：2 % B 型：1 % (保險期間內受孕)		1 % (保險期間內出生)
關懷金	45@20% 扣除已領生育給付		
妊娠其醫療	子宮外孕 1% 子　症 2%		
紅斑性狼瘡	20%		
特定婦科 手術	0.5%~5% 〈25 項〉		
嬰兒先天 重大疾病	(共 50 項) 1. 90 天前發現先領 15% 90 天後仍生存在領 15% 2. 90 天後發生 ~7 歲 30% 媽媽身故或全殘，仍有保障	特定重大殘疾保險金： 共 14 項 一項：50%，最多兩項	七大項殘缺：保額 *50%
保費	25 歲 女性 100 萬 20 年期 A 型：82700(繳費期滿之確定給付：220 萬 = 身故 100 萬 + 滿期金 100 萬 + 關懷金 20 萬) B 型：58900(繳費期滿之確定給付: 170 萬 = 身故 100 萬 + 滿期金 50 萬 + 關懷金 20 萬)	53,600，共繳 8 年	23,500

	安泰 女性終身壽險	紐約人壽 幼兒安親還本保險	三商人壽 婦女與嬰兒保險
給付項目： 嬰兒先天 重大疾病	先天性重大殘缺 保險金(共50項) 1 貓哭症候群 2 巴陶氏症 3 愛德華氏症 4 唐氏症 5 貓眼症候群 6 先天性脊柱裂 7 先天性腦膨出 8 先天性脊髓或 脊髓膜膨出 9 苯酮尿症 10 高胱胺酸尿症 11 半乳糖症 12 粘多糖症 13 肝糖貯積症 14 脂肪貯積症 15 威爾遜氏症 16 重症地中海型 貧血 17 心室中隔缺損 18 開放性動脈管 19 心房中隔缺損 20 肺動脈瓣膜 狹窄 21 主動脈瓣膜 狹窄 22 法洛式四合 症 23 大動脈轉位 24 三尖瓣閉鎖 25 主動脈弓縮 26 窄纖維性囊 腫 27 生殖器性別 不明 28 先天性耳聾 29 先天性失明 30 先天性腦性 麻痺	特定重大殘疾保險 金(共14大項)： 一項: 50%，最多兩 項 1 特定三染色體症 (巴陶氏症 愛德華氏症 唐氏症) 2 特定先天性神經管 缺陷 (先天性脊柱裂 先天性腦膨出 先天性脊髓或脊髓 膜膨出) 3 特定先天性代謝異 常 (苯酮尿症 高胱胺酸尿症 半乳糖症) 1 重症地中海型貧血 2 特定先天性心臟病 (心室中隔缺損 心房中隔缺損, 開放性動脈管, 主動脈瓣膜狹窄 肺動脈瓣膜狹窄, 法洛式四合症, 大動脈轉位, 三尖瓣閉鎖, 主動脈弓縮窄, 左心發育不全症, 右心室發育不全症, 單心室, 全肺靜脈回流異常, 永久動脈幹, Fbtein氏畸形, 其他) 3 纖維性囊腫 極輕體重兒 腎臟發育不全	

	安泰 女性終身壽險	紐約人壽 幼兒安親還本保險	三商人壽 婦女與嬰兒保險
給付項目：嬰兒先天重大疾病	31 血友病 32 先天性食道閉鎖合併有或無氣管食道廔管 33 先天性膽道閉鎖 34 先天性無肛症 35 先天性甲狀腺功能低下 36 先天複合性免疫球蛋白缺乏症 37 先天丙種球蛋白缺乏症 38 高血氨症 39 白胺酸代謝異常 40 軟骨發育不全症 41 成骨(發育)不全症 42 瓦登伯革氏症候群 43 運動神經元疾病 44 先天性泛垂體低下症 45 左心發育不全症 46 右心室發育不全症 47 單心室 48 全肺靜脈回流異常 49 永久動脈幹 50Fbtein 氏畸形	4 生殖器性別不明 5 先天性耳聾 6 先天性失明 7 小兒麻痺症(麻痺型) 8 風濕性心臟病 9 雷氏症候群	七大項殘缺：保額*50% 1 特定三染色體症 2 特定先天性神經管缺陷 3 特定先天性代謝異常 4 重症地中海型貧血 5 特定先天性心臟病 6 纖維性囊腫 7 唇顎裂
保　費	27 歲女性 100 萬(20 年繳) A 型：82700 B型：58900	8年繳：53600	

資料來源：各大保險公司網站

附錄三：三合一家庭理財表（年收支、記帳、預算控制表）

上半年度

年	項目	月份	1、2月	3、4月	5、6月	項目總計	預算資金
	食	外食					
		食品採購					
	衣	服裝					
	住	房貸					
		租金					
		電話通訊					
支出		水電瓦斯					
		家用維修					
		土地及房屋稅					
		住屋保險					
	行	汽車貸款					
		汽車維修					
		汽油費					
		交通費用					
		汽車保險					
	撫育	子女教養費					
	育	成長教育費					
	樂	度假旅遊費					
		娛樂交際費					
	保險	人壽保險					
	稅	所得稅					
	投資	投資儲蓄					
	健康	健康保健					
	奉養	奉養					
	奉獻	奉獻					
	借貸	借別人錢					
		還別人錢					
	當月支出總計						
	本月收入	公司薪資					
		顧問收入					

下半年度

年	項目	月份	7、8月	9、10月	11、12月	項目總計	預算資金
	食	外食					
		食品採購					
	衣	服裝					
	住	房貸					
		租金					
		電話通訊					
支出		水電瓦斯					
		家用維修					
		土地及房屋稅					
		住屋保險					
	行	汽車貸款					
		汽車維修					
		汽油費					
		交通費用					
		汽車保險					
	撫育	子女教養費					
	育	成長教育費					
	樂	度假旅遊費					
		娛樂交際費					
	保險	人壽保險					
	稅	所得稅					
	投資	投資儲蓄					
	健康	健康保健					
	奉養	奉養					
	奉獻	奉獻					
	借貸	借別人錢					
		還別人錢					
	當月支出總計						
	本月收入	公司薪資					
		顧問收入					

資料來源：德國南部慕尼黑哲學院攻讀哲學博士學位的網友周明泉所提供的 Excel 檔案

Rich致富系列54

孟洛管理

The Monroe Doctrine

蘿瑞・孟洛(Lorraine Monroe)◎著
歐倪君◎譯

內容簡介

誰都學得會的智慧型有效管理！

蘿瑞・孟洛博士是LMLI(Lorraine Monroe Leadership Institute)領導風範機構的創辦人，也是紐約哈林區斐德立克道格拉斯學園(Frederick Douglass Academy)的第一任校長。孟洛博士做為一位國內外遠近皆知的優質管理者及教育家，常藉由固定課程、影帶教學、實作活動、諮商團體的方式來傳遞自身在教育和管理方面高人一等的智慧及經驗。

LMLI全名The Lorraine Monroe Leadership Institute為孟洛博士的心血結晶。其主要目的為培育未來的優秀領導人和管理者。目前全美共有17,000位學員參與此機構的訓練課程。

定價：260元　頁數：272頁

希代書版

文學桂冠

編號	書　名	作　者	譯　者	內　容	頁數	定價
001	時時刻刻	麥克・康寧漢	蔡憫生	榮獲1999年「普立茲小說獎」「福克納小說獎」「美國圖書館協會同性戀、異性戀、超性別圖書獎」三大獎，2003年同名電影已獲多個最佳影片	400	290
002	第一人稱複數	康麥倫・魏斯特	李永平	紐約時報暢銷書排行榜冠軍書，十餘國爭相翻譯出版，僅見DID「解離性認同疾患」親筆完成極度駭人鉅構，電影「阿甘正傳」劇作家親自改編電影劇本，內容感人熱淚	464	290
003	天生嫩骨	露絲・雷克爾	宋碧雲	充滿風趣的回憶錄，幽默動人寫出自己的經驗，清晰描述每一道絕佳美食到令人流口水，全書散列的食譜更恰當反映作者的探索過程，紐約時報暢銷書排行榜第一名	432	320
004	終極教父	馬里歐・普佐	莊勝雄	千呼萬喚全球21,000,000冊《教父》作者最後遺作，全美七月面市旋即勇奪亞馬遜網路書店暢銷書排行榜第一名寶座，刺激懸疑刻劃入微爆炸性鉅作	432	320
005	安娜與國王	瑪格麗特・蘭登	張介英	美國電影舞台數度搬演最膾炙人口女性文學經典，泰國政治風情唯一史詩格局動人心魄異國戀鉅構，感動千萬讀者最新全譯本	480	280
006	白色夾竹桃	珍妮特・菲絲	蔡憫生	全美最具影響力讀書會歐普拉俱樂部評選每月一書，出版人週刊、亞馬遜書店、紐約時報、芝加哥論壇等暢銷書排行榜常勝軍，描述親情的叛逃與救贖無非是自我追尋的一段繁複療程	448	350
007	艾斯特的眼淚	安娜・古利耶梅提	于文萱	法國國家圖書出版協會寫作獎金得主最轟動代表作，榮獲法國康城年度文學大獎暨名列法國西部八大文學好書，史詩般的感人情節，史坦貝克式魅力的自然小說	416	299
008	一個藝妓的回憶	亞瑟・高登	林好容	全球狂銷4,000,000冊，26種語言翻譯，雄踞《紐約時報》等媒體61週暢銷書排行榜跨國共鳴鉅作	304	260
009	大仲馬俱樂部	阿圖羅・裴瑞茲雷維特	陳慧瑛	跨年轟動歐陸美加紐澳亞馬遜外國文學暢銷書排行榜冠軍發燒書，體驗真正的魔幻就是成為俱樂部的一員，真真假假的情節裡，如同電玩遊戲中的角色扮演……	352	280
010	女教皇	唐娜・伍佛柯羅思	謝瑤玲	橫掃歐陸蟬連德國104週冠軍，全球十八餘國爭相搶譯空前熱評，美國「文學協會」「雙日圖書」年度Top必讀首選好書	448	330
011	小婦人	露薏莎・梅・阿爾科特	邱麗素	堪稱美國文學史上最具影響力的女性文學。歷久不衰的經典鉅作。與「愛的教育」、「長腿叔叔」、「清秀佳人」並列全球青少年指定課外讀物	272	230
012	小婦人續集	露薏莎・梅・阿爾科特	林淑娟	小婦人是阿爾科特所有作品中，最負盛名的一本。本書可以說是作者的自傳小說。女主角喬儼然是美國女性的神話，獨立創造的化身	320	260
013	浮生戀〈上〉	渡邊淳一	高嘉蓮	渡邊淳一繼《失樂園》後期盼三年孕生的最新長篇小說，殘酷命運的威嚇下，沉溺於背德世界中的男女，文字大膽入骨，境界非凡動人	208	220
014	浮生戀〈下〉	渡邊淳一	高嘉蓮	渡邊淳一繼《失樂園》後期盼三年孕生的最新長篇小說，殘酷命運的威嚇下，沉溺於背德世界中的男女，文字大膽入骨，境界非凡動人	208	220
015	父與子的信	維迪亞•奈波爾	莊勝雄	諾貝爾文學獎得主最新最好的作品，媒體譽為「英國散文的最佳作家之一」、「奈波爾舉世無雙」、「目前尚健在的最偉大的英國文學作家之一」	352	380
016	孤雛淚	狄更斯	王維君	狄更斯是英國文壇教父級作家，本書曾獲金球獎最佳影片原著小說，是百老匯最受歡迎的劇碼	416	360
017	查泰萊夫人的情人	D.H勞倫斯	歐佩媛	20世紀最受爭議的情色小說，辛辣、大膽之「全新完整版譯本」	384	350
018	來自南丁格爾的聲音：傳染病毒的全面省思	HUGH SMALL	柯慧如	SARS並不可怕，可怕的是整個組織控制的失策。一個被揭發的秘密報告，使英國政府正視上萬士兵的死亡。	224	220

高寶集團

文學新象

編號	書名	作者	譯者	內容	頁數	定價
023	亡命雌雄	羅拉雷歐娜〈美〉	林維頤	拉丁美洲罕見情慾政變逃亡傑作	400	320
024	勇者帕尼泊…光之石四部曲3	克里斯提昂賈克〈法〉	劉美玲	全球同步發行古埃及鬥爭懸疑小說	480	320
025	第十一誡	傑弗瑞亞契〈美〉	李麗珉	全美暢銷排行榜軍事間諜鬥智強作	432	320
026	啃747飛機的男人	班薛伍德〈美〉	蔡憫生	電影即將完成美式超幽默愛情故事	352	290
027	罌粟花·漾	丹娃〈中美〉		劇力萬鈞歷盡滄桑世紀女子故事	464	288
028	真理的聖地	克里斯提昂賈克〈法〉	劉美玲	全球同步發行古埃及鬥爭懸疑小說	416	320
029	幽暗人界	理查·諾斯·派特森〈美〉	高靄語	愛倫坡小說大獎得主最新驚悚力作曝光	432	320
030	人魔禁區－96小時	馬克·希區〈法〉	羅倫佐	來自法國南部的希區考克震撼新作	416	299
031	失控的總統醜聞	約翰·葛里遜〈美〉	蘇秋華	全球總銷量直逼70,000,000冊搶譯紀錄高達29種語言小說家最新力作	400	319
032	愛人的頭顱	英格麗·諾爾〈德〉	管中琪	德國犯罪小說之后「葛勞賽偵探大獎」得主最新力作	240	240
033	幽靈式的恐懼	史都華·伍茲〈美〉	覃嘉惠	美國懸疑小說作家協會愛倫坡獎，法國偵探小說獎得主繼《誰殺了女主播》最新力作	384	280
034	誰拿了那把斧頭	伊利沙白·高芝	唐湘寧	公共電視迷你影集「藍尼探長」原著	304	280
035	校園喋血疑雲	伊利沙白·高芝	蔣慶慧	「藍尼探長」再次精采出擊	464	320
036	大騙局（上）	朱狄斯·麥可	陶筱清	紐約時報評為年度最佳著作及影集	320	280
037	大騙局（上）	朱狄斯·麥可	陶筱清	紐約時報評為年度最佳著作及影集	320	280
038	夏日姊妹情挑	茱蒂布魯〈美〉	覃嘉惠	女性友誼感人肺腑紐約時報暢銷書	448	290
039	911生死婚禮	Bella		描寫貝拉游移在愛、慾、生、死間的情慾半自傳	352	269
040	Bella的挪威森林	Bella		《911生死婚禮》之二部曲	320	269
041	命運之岩	艾妮塔雪瑞佛	李麗珉	《飛行員之妻》作者又一精采著作	416	299
042	傷感的卡薩布蘭卡	Bella		《911生死婚禮》之三部曲	336	280
043	穿著Prada的惡魔	Lauren Weisberger	王欣欣	描述一個「地獄來的老闆」的故事	384	280

希代書版集團
Rich Younker

編號	書　　　名	作　者	譯　者	內　　　容	頁數	定價
01	致富關鍵報告	邁可方圓		富爸爸五十二個忠告之一，同時擁有物質與心靈的富有	208	199
02	麥田裡的金子	邁可方圓		富爸爸五十二個忠告之二，同時擁有物質與心靈的富有	208	199
03	錦囊中的錦囊	邁可方圓		富爸爸五十二個忠告之三，同時擁有物質與心靈的富有	208	199
04	活學活用三十六計	王沖、沙雪良		在現代社會，爾虞我詐的年代裡－用之有道，防之有法	320	280
05	致勝奇招孫子兵法	王沖、沙雪良		在現代社會，爾虞我詐的年代裡－用之有道，防之有法	320	280
06	誰才是天生贏家	柏寶・薛佛	管中琪	每個人的真實能力遠比目前表現在生活中的還要更多	272	259
07	VW 總裁心	蕾塔・史汀斯	張淑惠	只有一探 Volkswagen，才能真正反敗為勝	224	220
08	妳自己決定成功	蒂娜・珊蒂・馥萊荷娣	賴志松	一旦女人發現溝通的藝術隱含有多大的力量，她們就會登上巔峰	192	199
09	修鍊自己，打敗高失業率	李中石		進入社會－你不得不會的生存法則和成功金律	224	220
10	就是沒錢才要創業	李中石		「創業」並不需要很多資金、技術、時間或經驗。能不能成功，全在於敢不敢踏出第一步	272	250
11	創造企業螺絲釘	李中石		企業管理者必備的用人寶典，更是讓上班族搶先一步窺視上司心理的實用書	224	220
12	生意就是談出來的	李中石		158 招說話辦事絕活＋六位台灣名人的輝煌經驗…告訴你怎麼替自己的人生，談出一筆大生意	256	239
13	你一定要會的交際 36 計	李中石		成功的關鍵取決於你的交際能力	224	199
14	你一定要會的管人 36 計	李中石		三等人用錢買人　二等人用權壓人　一等人用計管人	320	249
15	你一定要會的用人 36 計	李中石		用人得當，就是得人；用人不當，就是失人	224	199
16	你一定要會的求人 36 計	李中石		籬笆立靠樁　人立要靠幫	208	199
17	健康煮出一拖拉庫的現金	朱淑娟		火鍋要怎麼煮要怎麼吃，開店怎麼賺大錢怎麼聚人氣，劉爾金一次告訴你	192	250
18	中國十二大總裁	亓長兵、黃蘊輝		締造「中國第一」，全球 15 億華人必備的總裁成功與致富寶典。成功＝智慧×努力 十二大總裁是如何掌握改變他們命運的關鍵時刻？	272	250
19	哪把椅子是我的？	吳苡雯		你的「職業錨」拋向哪裡，決定和影響著一個人的成敗得失，也決定和影響著一生能否獲得快樂和幸福	256	250
22	銷售狂人：行銷巨人洛夫・羅勃茲之傳奇	Ralph R. Roberts & John Gallapher		Ralph R. Roberts 可說是美國房地產頁的一則傳奇，《時代雜誌》曾專文報導，並被譽為「全美最駭人的超級業務員！」	272	250
23	活錢：換種方式累積財富	易虛、李涌泉編著		懂得賺錢，你可以成為百萬富翁，但懂得活用財富，你才能成為快樂的富翁。為了過快樂的富翁生活，請打開這本書吧！	256	230
24	玩錢：理財致富的最高境界	吳蓓、李平編著		智慧才是致富的法寶！如果能將知識資本化，並善用於別人的智慧，就能財源滾滾！	256	230
25	狐狸上學班：手腕＞打拚	劉思華		狐狸的機智與圓滑讓你在職場求生靈活，不要上班，只怕上了班卻無法升官。	288	220
26	OL 魅力領導書	劉思華、李潔		職涯競技場中，為求生存，各憑本事，然屈居於弱勢的職場女性，要懂得掌握女性優勢，發揮獨特風格，別成了誤闖禁區的小白兔	256	250
27	逆境商（AQ）修煉	于建忠		AQ（逆境商）是我們在面對逆境時的處理能力。	288	250
28	OL 自信滿點書	劉思華、李潔		做個美麗而有自信的粉領女性，在職場中盡現鋒芒。	224	230
29	一本教企業人 social 的書	崔慈芬		社交是人與人相處的基本功夫，做好 social 給你好人緣。	288	260
30	管理 48 條突破思考	戴志純		集合近百年的國際企業編成的 48 篇故事，激發你的管理細胞。	224	230
31	創造卓越品牌必修的 40 堂課	戴志純		40 則故事，看企業打造金字招牌的苦心與智慧，你絕不能錯過。	224	230
32	散戶戰勝股市 45 法則	楊燿宇		教你在大盤漲跌的夾縫中求生存的實用法則。	224	220
33	投資股市孫子兵法	迪恩・朗道	烏凌翔、江少卿	投資市場就像戰爭縮影，運用孫子智慧與觀念，戰勝股市。	264	250

請沿虛線剪下裝訂寄回，謝謝！

高寶國際有限公司 讀者回函卡

為提升服務品質，煩請您填寫下列資料：

1. 您購買的書名：夏韻芬女人私房理財書

2. 您的姓名：______________ 您的年齡：____ 歲 您的性別：☐男 ☐女

3. 您的e-mail：________________________________

4. 您的地址：________________________________

5. 您的學歷：
   ☐國中及以下 ☐高中 ☐專科學院 ☐大學 ☐研究所及以上

6. 您的職業：
   ☐製造業 ☐銷售業 ☐金融業 ☐資訊業 ☐學生 ☐大眾傳播
   ☐自由業 ☐服務業 ☐軍警 ☐公務員 ☐教職 ☐其他

7. 您從何得知本書消息：
   ☐書店 ☐報紙廣告 ☐雜誌廣告 ☐廣告DM ☐廣播
   ☐電視 ☐親友、老師推薦 ☐其他

8. 您對本書的評價：（請填代號1.非常滿意2.滿意3.偏低4.再改進）
   書名____ 封面設計____ 版面編排____ 內容____ 文／譯筆____
   價格____

9. 讀完本書後您覺得：
   ☐很有收穫 ☐有收穫 ☐收穫不多 ☐沒收穫

10. 您會推薦本書給朋友嗎？
    ☐會 ☐不會，為什麼________________________________

11. 您對編者的建議：

請沿虛線剪下裝訂寄回，謝謝！

廣告回郵
北區郵政管理局登記證
北台字12548號
免貼郵票

Rich致富館

高寶國際有限公司

地址：台北市114內湖區新明路174巷15號10樓
電話：（02）2791-1197
網址：www.sitak.com.tw

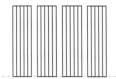

高寶國際集團 品質保證

GLOBAL GROUP HOLDINGS, LTD.

夏韻芬女人私房理財書

GOBOOKS
& SITAK
GROUP ©